家庭科学早教

——全攻略——

步在家早教专家团队——著

中国妇女出版社

图书在版编目（CIP）数据

家庭科学早教全攻略 / 小步在家早教专家团队著. -- 北京 ：中国妇女出版社，2022.6
ISBN 978-7-5127-2110-4

Ⅰ.①家… Ⅱ.①小… Ⅲ.①早期教育－家庭教育 Ⅳ.①G781

中国版本图书馆CIP数据核字（2022）第008414号

策划编辑：肖玲玲
责任编辑：肖玲玲
封面设计：FAWN WONDERLAND QQ:974364105
责任印制：李志国

出版发行：中国妇女出版社
地　　址：北京市东城区史家胡同甲24号　　邮政编码：100010
电　　话：（010）65133160（发行部）　　65133161（邮购）
邮　　箱：zgfncbs@womenbooks.cn
法律顾问：北京市道可特律师事务所
经　　销：各地新华书店
印　　刷：北京通州皇家印刷厂

开　　本：165mm×235mm　1/16
印　　张：19.75
字　　数：300千字
版　　次：2022年6月第1版　　2022年6月第1次印刷
定　　价：88.00元

如有印装错误，请与发行部联系

前言

宝宝出生了，你也升级为妈妈，开始了忙乱又幸福的育儿生活。

怀孕的时候，你可能天天盼望着宝宝出来和你见面，为这个小生命做过各种各样的功课，对自己的育儿生活充满期待。

然而，正如老舍先生所说："在没有小孩的时候，一个人的世界还是未曾发现美洲的时候的。小孩是哥伦布，把人带到新大陆去。"宝宝出生后，给你带来的各种匪夷所思，总是会一次次挑战新手妈妈的应变能力。

更重要的是，养育才是第一关！事实上，在我们这个时代，"养"得不好的孩子并不多，但"教"得有问题的比比皆是。吃、喝、拉、撒、睡的事情虽然在刚开始的时候会让你手足无措，但以我们调查过 2000 万家庭的经验，你不用担心，这个阶段很快会过去。真正有挑战的，是你如何教育他成为一个优秀的人。而这个过程是一分耕耘一分收获：早期做得好，后面就省力气；早期迷迷糊糊地过去了，会给未来留下很多隐患。

早期教育这个过程，并不是从教室里开始的，而是从你在家的一举一动中萌芽的。

你是否想过，宝宝从出生到 2 岁，大概要换 4000 多次尿布，而换尿布的时光也可以变成高质量的启蒙教育时间？让宝宝感受你的触摸，学习跟你合作，跟你咿呀对话……其实，不只是换尿布，洗澡、喂奶、睡觉，甚至逛超市、外出吃饭，聪明的妈妈都会把照顾宝宝的日常生活，变成一个"润物细无声"的早教过程。

随着宝宝逐渐长大，你会发现那个小人儿的世界越来越丰富，摆在你面前的难题也越来越多：“不”字常挂嘴边，不如意了会发脾气，甚至学会了“说谎”、打人…… 每一个问题都是成长的契机，让你更了解宝宝，给宝宝最有效的支持。

养育宝宝的过程中，我们不能总是被动应对，还要主动出击，引领宝宝成长的脚步。如何充分调动宝宝的感官促进认知发展，如何抓住 1 岁多的语言爆发期，如何利用秩序敏感期培养整理玩具的习惯，如何用英语磨耳朵，如何选择好的动画片……都是我们要提前做好的功课。

小步在家平台有 2000 多万用户，留言超过千万字。通过这些留言，我们得以更好地理解妈妈们在不同阶段最容易遇到的教育问题。把你需要做的功课，为你准备好，让你学得轻松一点儿、精准一点儿，少一点儿焦虑，是我们最大的责任。

这本书里，我们总结了 5 年的中国家庭早教一手经验，由小步在家的专家团队精心选择不同年龄段宝宝成长的关键能力和妈妈关注的焦点问题，查阅国内外最前沿的教育资料，化为系统、科学而又简单有效的早教攻略，希望帮助你在育儿路上不走弯路、轻松迈进。

最后，感谢你选择了小步在家，让我们陪你和孩子快乐且高质量地成长。

感谢小步在家的专家团队和中国妇女出版社对这本书的贡献！

彭琳琳

小步在家创始人及 CEO

目录

1 0～6个月的宝宝

2 6～8个月的宝宝

6 14 ~ 16 个月的宝宝

7 16 ~ 18 个月的宝宝

8 18～20个月的宝宝

9 20～22个月的宝宝

13 28～30个月的宝宝

14 30～32个月的宝宝

15 32～34个月的宝宝

16 34～36个月的宝宝

1

0～6个月的宝宝

一哭就抱会惯坏宝宝吗

你可能遇到的问题

- 宝宝一哭就抱，担心会把宝宝惯坏，就放不下了，可是任由宝宝哭又心疼
- 老人说，宝宝哭时不要抱，不哭的时候才抱，有助于宝宝养成好习惯

宝宝哭是为了满足需求，从而知道他所处的环境是可靠和值得信赖的。一哭就抱，并不会惯坏孩子，而是在满足他的需求。

宝宝为什么会哭

通过对新生儿的观察，研究者发现，宝宝哭泣所寻求的只是舒适感，或者只是希望缓解不舒适。新生宝宝很容易感到不舒服，比如，饿了，他们会哭；热了，他们会哭；尿布又湿又凉时，他们也会哭。任何突然的刺激都会引起宝宝的惊吓反应，随之引起宝宝的啼哭。

通常来说，宝宝只要不舒服就会哭，而他吃饱喝足、感到舒适的时候，就会睡觉。所以，他们的哭声是要传达这样的信息：我不舒服，快来帮我。如果妈妈对宝宝的哭声和需求敏感，就会分辨出宝宝不同的需求会有不同的哭声。所以说，哭声是宝宝的语言。

如果妈妈能及时回应他的哭声，给他喂奶，给他换上干净的尿布，安抚他，宝宝会认为自己是个有影响力的人（我用哭声影响妈妈），我可以预测（只要我哭了，妈妈就会来帮我解决问题），我可以控制这件事。这也让宝宝意识到自己是个有价值的人，因为自己的需求会被回应。这种经历会让宝宝与看护者建立起一种特殊而重要的依恋关系，这是宝宝最初的安全感，将影响他的一生。如果宝宝的哭声得不到回应，他就会发展出一种无助感，认为这是一个冷漠的世界，“我已经哭得崩溃了也没人理我，在这个世界上，我是无关紧要的”。这样一来，宝宝将失去对这个世界的信任，安全感也无从谈起。

解决方案

首先，对宝宝的需求保持敏感。精神分析学大师温尼科特强调，“一个真实的母亲对婴儿所做的最好的事情就是足够敏感”。敏感性，也就是对宝宝发出的信号能够迅速作出反应，比如宝宝哭了，你可以不马上给他吃奶，但要及时回应：“宝宝饿了吗？妈妈马上就来。”“宝宝是尿湿了，不舒服吗？妈妈看看哦！”让宝宝听到妈妈的声音，知道妈妈就在身边。

其次，判断宝宝哭声背后的需求。一般来说，度过初为人母的慌乱期，妈妈们都能了解宝宝的需求，比如，2 小时没吃了，宝宝是不是饿了？刚吃完奶哭，是不是尿布湿了？是不是胀气？

当然，有的宝宝似乎特别爱哭，可能是我们常说的“高需求宝宝”，他们比较敏感或暴躁，而且不擅长自我安抚，很容易因为烦躁、愤怒而进入哭泣状态。在成长过程中，他们的敏感度和反应强度并不会降低，但他们会发展出某些技能增强自控能力，更好地适应世界。出生 3 个月之后，他们通常能发展出有效的安抚技能，不再动不动就哭。所以，面对这样的宝宝，妈妈要多一点方法、耐心和信心。

可以马上做的三件事

- 宝宝哭泣，马上回应：“妈妈来了，妈妈在这儿呢！”
- 观察宝宝哭声背后的需求，满足他。
- 想一想，在宝宝哭时，你的心理状态是怎样的。只有放下各种担心，你才能对宝宝保持敏感。

读懂宝宝的哭声，让养育更轻松

你可能遇到的问题

- 不知道宝宝为什么哭，宝宝一哭就着急
- 宝宝是不是不舒服，怎么哭起来就没完，要怎么哄

哭声是宝宝的语言，他是在说，“我饿了”“我冷了”“我不舒服了”，放下担心，倾听宝宝的需求。

四步法读懂宝宝的哭声

第一步，停下来。不要宝宝一哭就马上把他抱起来，而是先做个深呼吸让自己平静下来，调动你的感知能力。

第二步，听一听。宝宝有不同的需求时，哭声是不一样的，当你对宝宝足够了解，你会发现他饿时的哭声和不舒服时的哭声是不一样的。

第三步，看一看。宝宝的肢体语言在表达什么，周围发生了什么事。

第四步，判断是怎么回事。结合听到和看到的推断宝宝在表达什么。

要注意的是，停下来，听一听，看一看，并不是对宝宝的哭声置之不理，而是需要一点儿时间去揣摩他在表达什么，然后满足他的需求。

解决方案

首先，判断宝宝是不是饿了。一般来说，宝宝在饿的时候，先是舔嘴唇，然后开始努嘴，舌头会伸出来，会转头，如果碰到被子边缘，会做吮吸的动作。尽管这个时候他还很小，不能把拳头伸进嘴里咀嚼或吮吸，但他会试图把拳头向鼻子、嘴巴处靠拢。如果你不喂奶，他还会发出声音信号。你会听到一声由喉咙深处发出的类似咳嗽的声音，最后发出第一声啼哭，很短，然后是哇哇哇的节奏稳定的哭声。如果是饿了，只要吃上奶他就会安静下来。

如果宝宝刚吃过奶，这时的哭声可能是在表达：尿布湿了，我不舒服。

宝宝最初几个月需要非常频繁地换尿布，几乎每隔 1 小时就要换一次。除了尿湿之外，宝宝也可能因为纸尿裤使用不当而哭泣，比如纸尿裤上的粘胶粘在皮肤上，或纸尿裤贴得太紧。此外，房间里太热或太冷，衣服、毯子刺激皮肤，难闻的气味，巨大的声响，等等，都会让宝宝因为不舒服而哭泣。

如果宝宝的哭泣断断续续，两眼微闭，间或打个呵欠，他这是告诉你他困了，你要做的就是哄他入睡。这时候你首先要让房间暗下来，环境也安静下来，然后抱着宝宝，稳定地轻拍他的背，以平稳的速度模仿心脏跳动的声音，这样宝宝慢慢就会安静下来，进入甜蜜的梦乡。

此外，宝宝还有一种很典型的哭，那就是由于肠绞痛引起的哭。肠绞痛的宝宝会无缘无故地哭闹个不停，即使你想尽办法也很难让他平静下来。肠绞痛并不是一种病，而是婴儿发育过程中的一个现象。让宝宝白天有规律地小睡是防止肠绞痛的关键。

除了生理上的原因，读懂宝宝的语言，让宝宝感到舒适，停止哭闹，还要注意那些隐含危险信号的哭泣。如果有下面的情况，要及时去医院，比如，啼哭时间过长且伴有高热、呕吐、腹泻、抽搐，皮肤呈现灰白色或青色。

可以马上做的三件事

- ✓ 宝宝哭的时候，听一听，观察宝宝的肢体动作，判断其真实需求。
- ✓ 观察宝宝犯困的表现，抓住最佳的哄睡时机。
- ✓ 观察宝宝哭闹的规律，判断是不是肠绞痛。

如何从现在开始养成睡眠习惯

你可能遇到的问题

- 宝宝醒了就哭闹，不会接着入睡
- 宝宝夜里老醒，必须含着乳头才能再次入睡

我们很难给新生宝宝制定作息表，但是如果你不想宝宝 2 岁了还要吃着奶睡，或者夜里频繁醒来，那从现在开始就要着手培养宝宝的睡眠习惯。

宝宝的睡眠特点

刚出生的宝宝除了吃奶以外，基本都处于睡眠状态，每天睡眠时间为 16 ~ 20 小时，但每次睡 1 ~ 4 小时，之后醒 1 ~ 2 小时，没有明确的昼夜规律。随着宝宝慢慢长大，睡眠时间逐渐减少，每天有 14 ~ 15 小时的睡眠时间，而且开始建立自己的睡眠习惯，白天睡觉的时间逐渐缩短，一般会小睡 2 ~ 3 次，更多的睡眠时间集中在晚上，白天清醒的时间逐渐拉长。这个阶段，虽然宝宝经常会在夜间醒来，但是醒来后能自行入睡，这就是好的睡眠习惯。

解决方案

◎ 帮助宝宝建立自己的睡眠—觉醒周期

宝宝白天睡觉时，要让阳光进入室内。让宝宝处在正常的噪声之下，不需要轻声说话或踮着脚尖走路。如果宝宝一直处于过度安静的环境中，他会对噪声非常敏感，夜间即使有非常小的声音也会被惊醒。夜幕降临时，调暗光线，保持环境安静。要让宝宝明白，睡眠是夜里的事，白天可以多玩耍，以建立昼夜规律。

◎ 让宝宝在白天动起来

白天，要尽量和宝宝玩耍，给宝宝放音乐、唱歌、说话，或者给他看色彩鲜艳的玩具，摇摇铃。对宝宝来说，这些就是他的游戏。

让宝宝练习俯卧抬头，镜子是一个非常好的工具。因为这时候人脸对宝宝有特殊的吸引力，在镜子中看到一张脸的运动变化，会让宝宝充满好奇，吸引他抬头看。镜子最好放在距离宝宝眼睛大约 18 厘米的地方，如果远了，效果就会削弱。你还可以仰面躺着，让他脸朝下趴在你的胸前，他会抬起头观察你的脸。

◎ 给宝宝做一个睡前抚触

在合适的温度下，给宝宝舒舒服服地洗个澡，擦干身体，躺在柔软、舒适的大浴巾上，做一个睡前抚触。每次睡前按照相同的顺序重复相同的活动，能让宝宝知道接下来“我们要准备睡觉了”。这不仅可以教会他所需要的睡眠能力，而且会为几个月后出现的分离焦虑奠定信任的基础。

◎ 给宝宝建立积极的睡眠联结，学习自己入睡

睡眠联结是指入睡时你习惯性借助的条件或物品，或者半夜醒来后能帮你再次入睡的条件或物品。我们也需要给宝宝建立睡眠联结，比如，摇着他入睡，让他含着乳头、奶嘴入睡等，但是这些睡眠联结会导致一个问题，比如，如果宝宝需要摇着入睡、抱着入睡，那他半夜醒来发现没有人摇他，也不在妈妈怀里的时候，就无法自己入睡。

给孩子建立积极的睡眠联结，让他在醒来后能自己重新入睡是非常重要的。因此，要在宝宝犯困但还没有睡着的时候，把他放到床上，可以轻轻拍拍他，小声说话，让他知道你在他身边而感到安心，但不要把他抱起来。刚开

始，宝宝可能会变得更加清醒、烦躁甚至哭闹，等几分钟后，如果宝宝无法安静就抱抱他，等他安静后再次将他放到床上，确保他睡着的时候是在床上。只要你坚持，宝宝就可以学会独自入睡。

◎ 睡眠交替期不要打扰宝宝

宝宝和大人一样，也有睡眠周期。如果宝宝在晚上能睡整觉，意味着他在半夜醒来时，知道如何安抚自己并在数分钟内再次入睡，不会吵醒别人。

如果你一听到宝宝有动静，就立即起来，跟他说话，或者给他喂奶，这样会干扰宝宝正常的睡眠转换，同时他也会依恋你晚上给他额外的安抚和安慰。这时应该给孩子几分钟，让他自行入睡，而不是立即哄他。如果需要，你可以将他抱起来喂奶、换尿布等，但动作要快一点儿，不要把这些事情变成一个与他玩耍的过程。要给宝宝传递一个信息：这是睡眠时间，不是玩耍时间。

可以马上做的三件事

- ✔ 让宝宝练习俯卧抬头。
- ✔ 睡前给宝宝做抚触。
- ✔ 在宝宝困倦但还没睡着的时候，就把他放到床上，让他自己入睡。

做个话痨妈妈，打开宝宝语言的大门

你可能
遇到的问题

- 宝宝这么小，跟他说什么都听不懂，不知道怎么跟他对话
- 妈妈平时就沉默寡言，不知道跟宝宝说什么

宝宝虽小，但是对他说话，他会回应。而且，根据你现在跟他对话的多少，你还可以预测宝宝未来的智力发展、学习成绩和社交能力。

早期交流对宝宝未来发展的意义

在一项调查研究中，研究者按照每小时从父母那里听到的词语数目——2100 个词、1200 个词和 600 个词（指英文单词），将刚出生到 2 个月大的孩子分成三组。

听父母说话最多的孩子，在第 20 个月时知道 131 个词语，在第 24 个月时知道 295 个词语。在 3 岁时进行的标准测验中，他们的成绩要比每小时听到词语最少的孩子的成绩好。

这项研究同时证实，语音中如果有明显的语调变化，效果会更好。同时，单词应该是由人说出来的，而不是从电视机里听到的。因为仅仅是单纯的声音，比如来自电视或音频的声音，并不能刺激语言的发展。通过口语表达的语音，只有在成人和宝宝的相互交流中才能够传递，进而影响语言的发展。

解决方案

◎ 对宝宝讲述你们正在做的事情

研究人员发现，每天需要说大约 21000 个字，也就是每小时大约说 2100 个字，才有助于孩子提高词汇量。但是，不要紧张，不需要喋喋不休说个没完，只要每小时有 15 分钟的说话时间就够了。

比如给孩子洗澡，1 分钟你就可以说 120 个字。“来，先把身上淋湿。要抹香皂了，把小胳膊伸过来，小肚皮，小屁股，小脚丫。对，搓一搓，再搓一搓。我看见了好多的泡泡。该洗头了，把宝宝的头也搓一搓。很好，我们现在把肥皂泡泡冲洗干净。把头上的泡泡洗干净，把小脖子、小肚皮、小屁股、小脚丫都冲干净。非常好，来，宝宝洗完了，我们用浴巾把身体擦干。”

在给宝宝喂奶、换尿布等时，我们都可以用描述性的语言告诉宝宝自己在做什么。此外，我们也可以给宝宝听各种声音，比如，告诉他啾啾声是树上的小鸟在鸣叫，刺耳的声音是汽车的喇叭声，沙沙声是风吹过树叶的声音。

◎ 积极回应宝宝的咿呀学语，和宝宝轮流说话

宝宝 2 个月大的时候，开始发出咕咕的声音，听起来很像在说话，但实际上并没有意义，即使你听不懂他的“火星语”，也不妨碍你跟他对话。你可以用宝宝发出的声音回应他：“哦，宝宝在跟妈妈说话呢！”说完之后，要等 3 秒，等待宝宝再咿咿呀呀地回应你的话，这一来一回，就是交流的规则。

经常这样跟宝宝对话，宝宝慢慢就会理解社交规则，明白通过讲话交流思想是一种包含说和听在内的交互式约定。所以，跟宝宝说话，要留出足够的时间，让他用咿呀的儿语回应你。

在交流的过程中，我们还可以提问题，比如：“现在换了尿布，你舒服了吗？”当然，他还不能对你的提问给出答复，但这样做可以让他了解重音和语气的意义。

◎ 给对话加点儿音乐元素

在陪宝宝玩耍的过程中，我们可以增加一些唱歌、跳舞的活动，这对宝宝语言发展也很重要。宝宝是通过重复来学习的，如果经常给宝宝唱同一首歌或念同一首童谣，就可以增加宝宝的词汇量。如果配合动作，还能让宝宝在学习词汇的同时，学习讲话的速度和模式。可以试试这样做：

1. 一边唱歌一边配以简单的动作。尤其是扶着宝宝的小手或小脚，让宝宝参与其中，有助于宝宝学习，把词语和动作结合在一起。当他来回动时，我们可以每一个词语搭配一个动作，让他更容易记住。

2. 和宝宝一起跳舞。跳舞跟唱歌、说话一样有速度和节奏，我们可以引导宝宝接触音乐，让他体验这种速度与节奏。稳稳地把他抱在怀里，跟随音乐轻轻地摇摆、晃动和旋转。

3. 给宝宝听童谣。给宝宝听他喜欢的童谣，能让他积累词汇量。童谣中有很多重复的词语，他会慢慢熟悉这些词语，而童谣中的每一个句子都能帮助他学习语言的结构。

可以马上做的三件事

- ✔ 给宝宝换尿布的时候，向他描述你正在做的事，比如，“我要抬起宝宝的腿了”“我们把纸尿裤的魔术贴粘好”。
- ✔ 给宝宝重复说一首童谣。
- ✔ 宝宝跟你咿呀说话的时候，你也咿咿呀呀地回应他。

感官刺激很重要，但不要过度

你可能遇到的问题

- 宝宝总吃手，为了卫生，不能乱摸东西
- 只要宝宝醒着，就给宝宝听儿歌、看图片

感觉是智力发展的基础，家长要给宝宝丰富的感官刺激，又要注意他发出的信号，让他得到充分的休息，避免刺激过度。

宝宝认知世界的方式

意大利教育家蒙台梭利说："儿童的所有智力是从感觉发展到概念，智力中没有一样东西不是最初源于感觉。"在出生后的一整年里，宝宝一边看，一边听，一边尝，一边碰触他们能碰触到的东西，正是在反复的感觉和父母的引导中，一步步得出知觉，再形成概念。

所以，感觉是宝宝智力发展的基础，让宝宝充分运用视觉、听觉、味觉、触觉、嗅觉非常重要。

解决方案

◎ 提供良好环境，让宝宝开启"五感"的探索

感觉统合领域的倡导者珍·艾尔丝认为，儿童天生有发展的欲求，只要提供良好环境，就会健康成长。这个良好的环境包括给宝宝有趣的玩具或物体，让宝宝按照自己的方式，去摸、去看、去尝、去闻，获得对世界的认识。

比如，用塑料瓶装上一把大米，盖好瓶盖，就成了一个听觉筒。在宝宝的耳边轻轻摇晃，是不是很像下雨时哗哗的声音？

做饭的时候，让宝宝闻一闻你切好的洋葱、香叶或肉桂。你也可以切一片柠檬，让宝宝用舌尖舔一舔，然后夸张地对他说“好酸呀”。穿衣服的时候，让宝宝摸摸蓬松的围巾；外出的时候，让宝宝摸摸粗糙的树皮等。不管去哪

这些坑不要踩

✗ 对宝宝过度保护，缺少环境刺激

如果爸爸妈妈不知道宝宝是用感觉来认识世界的，就容易对宝宝过度保护，担心脏、危险，不允许宝宝去感知，会有什么后果呢？

你可能听过敏感期的概念，但你知道敏感期分强敏感期和弱敏感期吗？强敏感期，其中就包括和感官相关的，比如视觉、听觉，强敏感期一旦错过，就很难补回来。

哈佛大学的戴维·H. 休伯尔和托斯特·威塞尔为一个有先天性白内障的孩子做了白内障摘除手术，但发现术后他仍然不能复明。然后他们做了一个模拟实验，把一只新生的小猫的眼皮缝上，过了一段时间，给小猫拆线后，小猫的眼睛失明了。因为它错过了视觉发展的敏感期，这种伤害是不可逆的。

✗ 感官刺激很重要，要多多刺激

由于新生宝宝的中枢神经系统尚未发育成熟，一次只能处理一种感觉信息。如果一次接收太多的信息，反而会妨碍信息在宝宝脑部口的顺利传递。如果刺激过多，导致宝宝的大脑过载时，就会出现过度刺激。

过度刺激也会影响宝宝大脑的发育。为了抵消过度刺激的作用，宝宝会消耗某些能量，而这些能量原本是用来接受刺激、处理信息和形成新的脑部神经元连接的。因此，过度刺激耽误了宝宝宝贵的脑部发育时间，浪费了宝贵的能量。

此外，有研究显示，宝宝出现肠绞痛，就是因为接受了太多的感官刺激，宝宝没办法应付，所以才表现出不适和哭闹。

儿，我们都可以寻找有奇妙触感的东西，让宝宝用手指去触摸，感受粗糙和光滑、坚硬和柔软、厚和薄等。

◎ 读懂宝宝的信号，让宝宝得到充分的休息

不同的信号代表宝宝不同的诉求，宝宝通过面部表情、声音和身体运动来传递信息时，你应该有所察觉。当宝宝有以下表现，可能是过度刺激，让他烦躁不安。

1. 把头转向远离刺激的一方或者入睡。

2. 伸出胳膊或手，仿佛在用动作表示“停止”。

3. 长时间的哭泣，很难让他平静下来，或者很难安抚好。

4. 有意不理睬玩具或者某项活动，紧绷或者拱起身体。

如果你注意到宝宝有被过度刺激的征兆，就停止活动，给宝宝一些恢复的时间。可以试试下面的方法。

1. 找一个安静的地方，通过按摩使宝宝放松下来。

2. 慢慢地来回摇晃宝宝，可以把宝宝竖直抱在怀里，或者让他躺在你的腿和膝盖上，或者做有节律的运动。

3. 教宝宝学会自我安抚。给他一个安抚物，如毯子、毛绒玩具等，让他抱在胸前，或者让他用嘴吮吸大拇指。

同时，宝宝易怒可能会引起你情绪上的过度反应，记住要让自己放松！保护宝宝不被过度刺激，最好的方法就是理解宝宝，不做一个大呼小叫的妈妈。

可以马上做的三件事

- ✔ 观察宝宝被过度刺激后可能有的表现，让宝宝及时休息。
- ✔ 带宝宝去厨房，闻一闻各种调料，用语言描述出来。
- ✔ 带宝宝外出，鼓励宝宝闻一闻花香，摸一摸树皮，用语言向宝宝描述是什么感觉。

如何让洗澡成为宝宝的早教时间

你可能
遇到的问题

- 给宝宝洗澡，全家人一起上阵，一片慌乱
- 洗澡就是洗澡，为了清洁而已

如果用对方法，给宝宝洗澡，不仅是给宝宝清洁皮肤，也是美好的亲子时光和完美的早教时刻。

把日常照料变成高质量陪伴

我们总是说，要给宝宝建立安全的依恋关系，但这个关系不是平白无故产生的，而是通过一点一滴的互动逐渐建立的，尤其是每天必不可少的照料行为，比如洗澡、换尿布、喂奶等。每一个活动都给妈妈和宝宝创造了一对一的相处机会。如果妈妈能把它作为一个与宝宝互动、高质量陪伴的机会，那不仅能促进妈妈和宝宝之间的依恋关系，还可以促进宝宝各方面的健康发展。

解决方案

◎ 准备工作中的两个注意事项

1. 不管给宝宝使用哪种婴儿浴盆，都不要让他在没人看管的情况下待在浴盆里。洗澡前，我们事先把需要用到的东西都准备好：小毛巾、洗护用品、干净尿布、睡衣、大浴巾等。如果在洗澡过程中，有人敲门或是电话铃响了，而你又必须去开门或接听时，你要用浴巾裹起宝宝，抱着他一起出去。

2. 往浴盆里放水的时候，千万不要把宝宝放进去，确保洗澡水温度适宜（32℃～35℃）。在宝宝6个月之前，浴盆里只需放5～8厘米深的水。对于更大一些的宝宝，洗澡时水深也不要高过他的腰部（坐姿时）。

◎ 洗澡时遵循三个原则，把洗澡时间变成早教时刻

原则一，展示洗澡用到的物品

提前向宝宝展示洗澡时用到的所有物品。比如，要给宝宝洗头，就先把洗发水给宝宝看，告诉他，这是"洗发水，给宝宝洗头用的"。比如洗脸前，拿起毛巾给宝宝看，告诉他，这是"给宝宝洗脸用的毛巾，软软的"。

原则二，提前告知要做的事

把宝宝放进澡盆之前，要告诉宝宝："现在我要把宝宝放进澡盆里，澡盆里的水是温的。"

如果要给宝宝洗头，也提前告诉宝宝："现在我要给宝宝洗头发。"在进行每一个动作之前，都提前告知宝宝你要触碰到的身体部位名称，你要进行的动作。

提前告知要做的事，不仅让宝宝有心理准备，知道接下来要做什么，而且每次洗澡都遵循同样的过程和方法，还能帮助宝宝建立内在的秩序感和安全感。

原则三，描述正在做的事情

在整个洗澡过程中，妈妈的嘴不能停，要向宝宝详细地描述正在发生的事。比如，给宝宝洗头时，妈妈可以说："妈妈正在用洗发水给宝宝洗头，有好多的泡泡，头发洗干净了，现在我们要用清水把泡泡冲走，妈妈用手压着宝宝的耳朵，这样水就不会流进耳朵里。"比如，给宝宝洗胳膊的时候，可以说："妈妈要给宝宝洗洗小胳膊，先洗左胳膊，把胳膊抬起来，洗洗小腋窝。把左胳膊放下来，现在要洗右胳膊，把胳膊抬起来……"

在洗澡过程中，宝宝不是让我们随意摆布的物品，而是其中的一分子，邀

请宝宝合作，让他参与互动，并且让他关注自己的身体和洗澡的行为。这样洗澡就成为具有教育意义的经历，宝宝注意力的持续时间、身体意识和合作能力都会提升。

遵循上述三个原则，可以使得洗澡的过程有着非常有效的语言输入。宝宝会慢慢知道身体各部位的准确名称，知道毛巾、浴巾、澡盆、洗浴用品、尿布、衣服等物品的名称，以及洗澡过程中涉及的所有动作的名称等。

可以马上做的三件事

- ✔ 洗澡的时候，对宝宝描述你正在做的事。
- ✔ 洗澡的过程中，教宝宝认识身体部位。
- ✔ 将这一方法迁移到喂奶、换尿布等日常照料行动中。

2

6～8 个月的宝宝

别让孩子用哭控制你

你可能遇到的问题

- 孩子哭了，到底要不要抱？一哭就抱会不会惯坏孩子
- 孩子学会用哭来吸引关注

6个月前，孩子一哭就抱，并不会被惯坏。但是随着孩子认知的发展，他知道哭可以吸引妈妈的关注，满足他的愿望。这时家长就要防止把孩子惯坏。

警惕孩子的需求性啼哭

在6个月之前，孩子哭时都可以尽情地抱，不用担心会宠坏他。婴幼儿心理专家S. 弗雷伯格在《魔法岁月》里这样描述："要学会用哭来控制父母，小宝宝必须要有思想、有感知客观世界的能力、能理解因果关系。"6个月之前的孩子还不具备这些。

到5个半月的时候，孩子对于大人安抚的感受已经有了无数次经验，他一哭，就会有妈妈或者其他人来安抚他，让他感到舒适，或者从中获得某种乐趣。这些经验为孩子建立心理安全感奠定了基础。

但是，从5个半月或6个月开始，孩子会有一个新的、重大的变化，那就是他有时会因不适而啼哭，有时也会因寻求他人的陪伴而啼哭。

这是因为孩子白天清醒的时间越来越长，他对这个世界充满好奇，开始四处打量，但是无法靠自己的行动去靠近那些吸引他的东西。随着时间一天天过去，他会感到遭受了挫折，而后感到无聊。此时，哭就成了他唯一可做的事。

这时，孩子的哭出现了第二个重要原因，那就是要把妈妈吸引到自己身边来，让妈妈抱抱他，爱抚他，带他四处走走、看看。孩子开始将啼哭作为获得关注和陪伴的一种手段，这种新出现的能力是正常智力发展的一个明显信号。这也意味着，从这个时期开始，你要尽力防止把孩子宠坏。

解决方案

◎ 让孩子有感兴趣的事情做

5个多月的孩子已经可以靠坐或者独坐，双手得到解放，手指抓握和手眼协调能力开始发展。他可以拿到玩具，用手摆弄左看右看，然后放到嘴里啃咬；他把球丢到地上，会注意到球的滚动；他能观察到他的行为会引起什么样的结果；他乐于听到各种声音……他对这个世界充满好奇，并且用自己的方式去探索。

此时，要给孩子提供适合的玩具，比如安全的可以啃咬的玩具、摇铃、球等。给孩子一个收纳箱，里面放上他的玩具，他会把玩具拿出来，再放进去，乐此不疲。你还可以试着让他自己玩一会儿，但要时刻关注，在他需要你的时候及时出现。

◎ 主动陪玩，不要让孩子用哭闹的方式换取你的陪伴

你每主动跟孩子交流一次，就会减少一次他为了寻求关注和陪伴的故意啼哭。你可以给他读书，抱着他在房间里走走，告诉他所见物品的名称，比如，“这是电视”“这是冰箱，可以把好吃的东西放在里边”“这是宝宝的奶瓶”，等等。

可以马上做的三件事

- ✔ 观察孩子，判断他哭的原因是不舒服还是想让你陪他一起玩。
- ✔ 给孩子准备适合的玩具。
- ✔ 陪孩子一起玩玩具。

孩子拿到玩具就啃怎么办

你可能遇到的问题

- 孩子喜欢吃手，不让吃就哭
- 孩子拿到玩具就放嘴里啃，拦都拦不住

拿到什么都往嘴里放，是每个孩子在成长过程中的一个必经阶段，是口的敏感期的表现。

什么是口的敏感期

感官是身体第一个接受外界刺激进入的入口，孩子透过视觉、嗅觉、听觉、触觉、味觉建立对世界的印象，进而形成概念，确立对物品的认知。而所有的感官通道中，第一个被打开的就是嘴巴。孩子通过嘴巴了解物体的形状、大小、材质，在手的灵活度和敏感度发展速度追上来之前，嘴巴就是他和这个世界连接的最自然的通道。

解决方案

◎ 创造安全、卫生的探索环境

孩子活动的环境要安全。家长可以趴在地上，以孩子的视角在家里爬一圈，看看地板缝隙里是不是有小东西，把有安全隐患的物品如电源插座、电线等收起来。

给孩子的玩具要安全。玩具至少要比大人的拇指大，以免有吞咽的风险，不要有过尖、过硬的零部件，毛绒玩具要注意眼睛等小部件是否结实。

如果孩子拿到小物品，我们不要强行抢走，可以用其他玩具吸引他的注意力，换走不安全的东西。

有的家长担心玩具有细菌，孩子啃咬不卫生。其实不必过于紧张。孩子不可能一直待在无菌室，适度地和细菌接触反而有助于孩子自身免疫力的建立。

◎ 用语言描述丰富孩子的感官认知

在孩子啃咬可以用嘴探索的东西时，我们可以用语言帮助孩子描述这种感觉，比如“这是积木，硬硬的”“这是香蕉，软软的”，比如“甜的”“酸的”等，让孩子的感官体验更丰富，还能丰富孩子的词汇。

◎ 调动多感官参与

当孩子用嘴巴“体验”过这些玩具或用品后，家长可以将东西拿到孩子的眼前，让他换个方式观察，引导他运用其他的感官，比如看一看、听一听、闻一闻，或拉着孩子的小手按一按、抓一抓、摇一摇、敲一敲，注意有什么变化。通过调动多感官参与探索活动，孩子会在脑海里整合这些不同的刺激，对物品产生更完整的概念。同时，当视觉、听觉、触觉不断发展后，孩子会发现，原来除了用嘴巴探索世界之外还有这么多方式，慢慢地，他就会从用嘴探索过渡到用手去摆弄探索。

可以马上做的三件事

- ✔ 检查家中的活动区域，排除安全隐患。
- ✔ 检查孩子玩具上小零件的稳固度，不要给孩子玩不安全的玩具。
- ✔ 调动多感官，带孩子探索一个生活中常见的物品。

触觉这么重要，如何训练

你可能遇到的问题

- 孩子抗拒碰触粗糙的或者黏黏的物品
- 孩子怕被人碰，别人一摸他就哭

如果上述情况只是偶尔发生，这是正常的情绪反应，不用过度担心。如果经常如此，可能是孩子触觉失调引起的，需要注意。

触觉失调惹的祸

触觉是人体发展最早、最基本的感觉之一。在所有的感觉信息中，触觉刺激的频率最高，对大脑的辨识能力影响最大。

多元的触觉探索，可以促进孩子精细动作以及认知的发展。如果触觉失调，则会影响孩子的认知能力和适应能力，甚至会影响其他感官接收外界信息的能力。

触觉失调主要有两种表现：一种是触觉敏感，另一种是触觉迟钝。

触觉敏感也叫"触觉防御过强"。触觉敏感的孩子主要表现为：不喜欢触碰粗糙的或者黏黏的东西，不喜欢别人触碰，情绪波动大，黏人，爱哭，甚至性格孤僻、不愿见人等。任何细微的刺激都有可能引起他们的强烈反应。

触觉迟钝又叫作"触觉防御不足"。触觉迟钝的孩子主要表现为：动作不灵活，反应慢；对疼痛反应滞后；经常丢三落四；在游戏时因为感知不到别人的痛苦，经常与小朋友起冲突；缺乏安全意识，不能很好地保护自己等。

触觉失调会对孩子的人际交往产生很大影响，还会影响注意力，阻碍学习能力的发展。所以，触觉均衡发展很重要，敏感度过高或过低都不利于孩子的健康成长。

解决方案

◎ 经常给孩子做身体按摩，增加身体接触

触觉性接触不仅可以提高孩子的触觉感知能力，还能改善孩子的皮肤功能，促进血液循环，增加机体免疫力。婴儿的额头、脸颊、脖子、腋下、手心和脚心分布着丰富的末梢神经，这些部位对触觉感知特别敏感，家长可以多对这些部位加以刺激。

比如：用柔软的刷子给孩子洗澡；用梳子轻轻梳头，刺激孩子的头皮；用不同温度的水洗手、洗脚，让孩子感受不同的刺激；给孩子挠痒痒；等等。

这些坑不要踩

✗ 不允许孩子吃手

有的家长在孩子吃手时会强行阻止，其实这样剥夺了孩子了解自己身体感觉的机会，因为通过吃手，孩子可以感知自己的身体、手的位置和触感，以及手放在口腔中的触觉体验，从而加深对身体的认知。

✗ 过度保护

有的家长因为担心脏乱、担心受伤，于是剥夺孩子用手触摸和身体运动的机会。其实孩子爬、摸、拿、抓、扔、吃、拍、打，都是用身体在感知。感受物品的形状、材质和大小，对于孩子的认知、运动发展非常重要。

◎ 给孩子提供不同触觉感受的物品

不同材质的球，各种各样的蔬菜、水果，这些真实物品能带给孩子不同的触觉体验。对正在学习自主进食的孩子来说，用手抓食物吃，既能培养孩子的用餐兴趣，也是丰富触觉体验的重要活动。

还有很多看起来“脏乱差”的活动，比如玩颜料、玩面粉、玩水果泥，对孩子的触觉发展是非常重要的。在这个过程中，孩子有很多触觉体验，他可以体验到：干面粉是细腻干爽的，砂糖是颗粒状、硬硬的，面团是黏黏的。

如果遇到孩子不敢摸水，不敢踩草地，抗拒潮湿、黏糊糊的感觉时，家长不要强迫孩子改变，也不能马上放弃，应该想办法引导孩子勇敢尝试。

◎ 带孩子走进大自然

多带孩子亲近大自然，鼓励孩子摸摸泥土、石块、树干、树叶、小草、小动物的皮毛等各种纯天然的东西，给他准备一些玩沙、戏水、捏泥巴的工具，允许他玩水、玩沙。另外，让孩子在户外晒晒太阳，感受阳光照在脸上的温暖；让孩子吹吹微风、淋淋小雨，感受水流过皮肤——这些都是促进触觉发展的有趣又高效的方法。

可以马上做的三件事

- ✔ 给孩子做身体按摩。
- ✔ 如果孩子已经添加辅食，可以给孩子做一顿方便下手抓捏的辅食，并鼓励他用手探索。
- ✔ 安排一次户外活动，带孩子接触沙石、泥土和植物。

从学爬到会爬，可以怎么做

你可能遇到的问题

- 孩子不能向前爬、向后退，只会原地转圈
- 孩子爬的时候，肚子贴地，身体向前挪动

孩子会爬不是一蹴而就的，从为爬做准备到爬行的三个阶段，家长如果能提供相应的帮助，孩子会爬得更好。

认识爬行的重要性

爬行除了能促进大运动的发展和身体的协调，对促进大脑和语言的发展也起到关键的作用。

孩子爬行时往往向着一个目标，目标物会引起孩子视觉、听觉神经的兴奋，此时孩子的大脑处于高速运转的状态。由于爬行需要孩子的大脑和小脑之间密切配合，因此，多爬行可以促进孩子大脑发育，使孩子变得更聪明。

孩子爬行得越多，学说话的速度越快，学习新知识和看、读能力都会提高。有统计表明，有阅读障碍的孩子，很多是由于 1 岁之前缺少爬行训练造成的。美国科学家对大量婴儿进行考察研究后发现，爬行可以增强孩子各个神经元的联系，刺激大脑的语言中枢，为孩子今后学习语言打下坚实的基础。

孩子爬行的发展阶段

通常在 6 个月左右，孩子就会通过身体发出“我要准备爬了”的信号。比如：当孩子俯卧时，他的两条腿会明显发力，做出向前移动的样子；他可以抬头超过 90°，手臂可以轻松撑起头部和胸部。接下来他就会逐渐进入爬行的三个阶段。

◎ 匍匐爬行

在这个阶段，孩子会用胳膊支撑发力，并且辅助双腿发力，贴地向前挪动；孩子的肚子还没办法离开地面，因为他们的腰部和四肢力量还无法支撑起身体，只能趴着用力，这是正常的。

◎ 手膝爬行

孩子的肚子可以离开地面，爬行时用手和膝盖支撑身体向前移动。这是孩子学爬过程中的一个重要的进步，证明他们的四肢和腰部更有力了。

◎ 手足爬行

能够熟练地进行手膝爬行后，孩子开始试着用双脚接触支撑面并且发力，配合双手一起爬行。通常，从最初的匍匐爬行到手足爬行会经历两到三个月。学会手足爬，孩子才算真正会爬了。

解决方案

◎ 适当延长孩子趴着的时间，为学爬做准备

如果孩子的四肢力量还不够，或者抬头角度不能超过 90°，家长可以拿能发出声音的小玩具在孩子视线范围内偏上一点儿的位置晃动，吸引孩子微微抬头，或者让他左右转头寻找声音的来源。

家长还可以扶住孩子腋下，让孩子保持竖直，脚丫离地。孩子会主动蹬腿，锻炼两条腿的肌肉力量。

◎ 给孩子一个支撑，让孩子练习爬

如果孩子没办法向前挪动，总是向后退或者原地转圈，这是因为四肢力量不足，家长可以用以下两个小方法帮孩子练习。

1. 在孩子的双脚后放一个比较重的枕头，让他的脚丫蹬在上面用力。或者我们用双手作为支撑，开始时可以给孩子的双脚一个向前的推力，慢慢地可以减少用力，让他自己试着蹬一蹬。

2. 让孩子趴在地垫上，用毛巾兜住胸腹部，爸爸把毛巾提起，妈妈推动孩子左手、右脚，前进一步后，换成推动孩子的右手、左脚，轮流进行，训练孩子手膝爬行。每次练习可反复进行 6 ～ 8 回，每天定时训练几次。

可以马上做的三件事

- ✔ 给孩子宽敞的空间，让他锻炼腿和胳膊的协调性，为爬行做准备。比如，可以把孩子放到地上玩。
- ✔ 检查并保证孩子爬行的空间是安全的。
- ✔ 为孩子演示爬行的动作，让孩子模仿练习。

手巧心灵，让孩子越玩越聪明

你可能遇到的问题

- 孩子伸手够玩具时，手在玩具周围打转却抓不住
- 无法控制抓握的力量，拿到香蕉就抓烂

儿童的智慧在指尖，我们一定要重视孩子手部精细动作的发展，创设各种条件，给孩子机会锻炼双手。

重视手部精细动作发展

著名教育家苏霍姆林斯基说："儿童的智慧在他的手指尖上。"中国古语云"心灵手巧"，其实，反过来说可能更恰当：手巧才能心灵。

瑞典神经生理学家迈蒂·伯格斯托姆教授说："我们的手指尖有非常密集的神经末梢，因此指尖的辨别力几乎可以和眼睛一样敏锐。如果手指得不到使用，如果在孩童和青少年时期成了'指盲'，这一丰富的神经网络就会失去原有的作用，对大脑造成巨大的损失，并阻碍孩子的全面发展。"

这些都说明手部精细动作对孩子的发展非常重要。它包括五部分：手指动作、双手协作、手眼协调、手腕灵活与稳定、抓握力量。这五部分不是截然分开的，而是相互影响、相互促进的。

解决方案

◎ 手指动作

孩子出生时紧紧握住双拳，五指分工动作的发展是一个渐进的过程。孩子开始抓东西的时候，主要不是用手指的动作，而是把整只手弯起来，好像一个钩子，这时大拇指和其他四指的动作处于相同方向，一起大把抓。

7个月左右，五指分工动作逐渐灵活，拇指、食指和中指开始协同工作，拇指和食指放在各自的对立面形成钳状，有时单独使用食指。

练习方法：给孩子提供一些可以抓握的手指食物，比如把蒸熟的胡萝卜切成条，让孩子自己拿着吃，慢慢地再切成丁，让孩子练习两指捏。让孩子用食指按开关、拨弄珠子等游戏，都可以促进五指分化，培养手指的灵活性。

◎ 双手协作

生活中大部分的动作都需要双手配合进行，双手配合协调性强，动作就能又快又好地进行。

6个月之前的孩子还不会换手，当手里拿着一样东西时，见到另一样东西，就会把手里的东西扔掉，去拿另一样东西。6个月之后，他学会换手，能把左手的东西交到右手。然后，他学会双手配合，开始用两只手摆弄物品。

练习方法：鼓励孩子双手拿积木对敲；给孩子一张纸，撕开一个口，鼓励孩子把纸撕开；给孩子一个空瓶，鼓励孩子拧瓶盖；洗澡的时候，给孩子两个杯子，练习来回倒水。

◎ 手眼协调

手眼协调，就是手和眼睛一起配合工作，手按照视线的引导去够东西，进行操作。手眼协调能力也不是天生具备的，到6个月左右，孩子才会出现手眼协调的动作，比如能够抓住所看见的东西，把东西拉过来、推开等。

练习方法：在孩子面前晃动玩具，逗引孩子伸手去够，当孩子的手快接近时，再次移动玩具，经过多次努力，最终让孩子抓到玩具。给孩子一个空塑料瓶和一把绒球，让他把绒球塞进瓶子里。当然，在孩子玩的时候，大人一定要在旁边看护，以免孩子把绒球放进嘴里。

◎ 手腕灵活与稳定

手腕关节连接手和手臂，手腕越灵活，双手可以做的动作越多。同时，当手要发力时，手腕必须稳定，让双手使得上劲儿。所以，手腕的锻炼要注意两个方面：一个是灵活性，另一个是稳定性。

练习方法：涂鸦是锻炼手腕灵活性的最佳活动，如果担心这么小的孩子玩蜡笔不安全，可以用水果条当画笔，比如红心火龙果条，让孩子握着在纸上戳戳点点。

◎ 抓握力量

说到力量，有的家长觉得力量越大越好，所以会专注于如何增加孩子的力量，但这种做法并不全对，比如孩子拿草莓，既要能把草莓拿起来，又不能太用力，因为一用力，草莓就被抓烂了。所以，抓握力量有两个方面：增加力量和控制力量。

练习方法：给孩子提供通过抓、挤可以发声的橡皮玩具。让孩子自己吃香蕉、草莓等容易抓坏的食物，让孩子感受抓握的力量。

可以马上做的三件事

- ✔ 将蒸熟的南瓜或胡萝卜切成细条，让孩子自己用手拿着吃。
- ✔ 给孩子两块积木，鼓励孩子抓着对敲。
- ✔ 示范把小泡芙塞到空塑料瓶里，让孩子模仿。

Messy Play 怎么玩

你可能
遇到的问题

- 想给孩子艺术启蒙又不知道怎么做
- 孩子会爬了，爬来爬去把家里搞得一团糟

Messy Play 翻译过来就是“脏脏的游戏”，这是一种看似杂乱无章，任由孩子发挥，不怕孩子把自己和周围的东西弄脏弄乱的游戏形式。它也叫作 Sensory Play，即感官游戏，最大的特点是：在游戏中给孩子提供丰富的材料和开放的环境，让孩子自由探索，通过这种方式刺激孩子感官的发展，充分发挥孩子的主观能动性和创造力。

Messy Play 优点多

◎ 最初的科学和艺术启蒙

每个孩子都是天生的科学家和艺术家。只是有的孩子在成长的过程中，会接触到很多规矩。规矩多了，孩子就会受到限制。被限制多了，好奇心和创造力就有可能被磨灭。Messy Play 最大的魅力就在于没有规则和限制，孩子在面对丰富的材料和开放的环境时，可以自由探索，不断试验，用自己的方式探究事物的特性和本质。

研究表明，经常玩 Messy Play 的孩子，和没有接触过 Messy Play 的孩子相比，对事物的物理特性有更深入的认识。

◎ 多角度刺激感官发展

Messy Play 之所以叫感官游戏，是因为它能够从多个角度刺激孩子的感官发展，锻炼手部精细动作。这一点对小龄的孩子尤其重要。皮亚杰把孩子出生到 2 岁前这个阶段称为感知运动阶段，正是因为这个阶段孩子主要是通过感官游戏认识世界的，而 Messy Play 恰好符合这个阶段孩子的认知特点和游戏偏好。

◎ 没有年龄限制

传统的玩具和游戏大多有年龄限制，比如：这个阶段的孩子可能喜欢玩手摇铃，但 1 岁以后基本就不会再玩了；大孩子都爱玩过家家，1 岁以下的孩子却玩不了。而 Messy Play 不一样，它没有年龄的限制。如果给孩子一堆 Messy Play 的材料，他就能自己在探索的过程中，找到最适合自己的玩法。

Messy Play 怎么玩

◎ 设定游戏范围

给孩子准备一个专门玩 Messy Play 的区域，可以有效解决收拾起来麻烦的问题。这个区域要空旷，没有杂物，便于收拾和清洗。比如，家里的浴室、阳台，或者大号的塑料储物箱都很适合。

◎ 选用安全材料

这个阶段的孩子正处于口欲期，什么都爱往嘴里放，所以玩的时候，要给孩子准备可入口的材料。比如，水、酸奶、淀粉、面团、蒸熟的彩色大米，还有各种颜色的水果、切成小块的蔬菜等。

◎ 不限定游戏玩法

只有不限定玩法，孩子才能够自由发挥。如果孩子实在不知道怎么玩，家长可以做出示范。比如，把颜料拍到纸上，用手指或手掌涂抹开，用指尖去戳戳点点等。等孩子自己玩起来了，家长就坐在一旁观察，充当“安全防护员”的角色，防止孩子把东西吞咽下去。

◎ **增加语言输入**

孩子在玩的过程中，多和他说话，用语言描述他正在做的事和关注的东西，告诉他名称、外观、状态、触感等，能够促进孩子对事物的认知和语言的发展。比如，孩子正在摸一个小草莓，家长可以说：“宝宝正在摸红色的小草莓，小草莓摸起来软软的、涩涩的。”

可以马上做的三件事

- ✔ 在家里收拾出一个专门的 Messy Play 区域。
- ✔ 用带颜色的水果做成颜料，和孩子进行一次“艺术创作”。
- ✔ 给孩子几样家里现有的食材，坐在旁边观察他怎么玩。

3

8～10个月的宝宝

身体接触，让孩子感受爱

你可能遇到的问题

- 认为和孩子太亲密不利于孩子独立性的培养
- 不知道和孩子进行身体接触有很多好处

身体接触是孩子感受爱和增加安全感的重要方式，家长应予以重视。

认识身体接触的重要性

令人舒适的身体接触能够促进体内血清素释放，血清素是一种神经传递素，被称为“快乐荷尔蒙”。它能让我们感受到愉悦、放松和自信，甚至还有调节肠胃、提升睡眠质量等积极作用。

此外，触觉是孩子认识世界的主要方式，8 个月大的时候，孩子已经能够有意识地用身体各个部位去感受刺激、探索环境。在和父母进行身体接触的过程中，孩子敏感的皮肤能更真切地感受到家人对他的爱。

爱源于接触

心理学家哈洛用恒河猴做了一系列实验，最有名的就是“代母实验”。哈洛把刚出生的猴子放进笼中，然后用两个假猴子代替母猴。一个假猴是用铁丝做的，胸前安装了一个奶瓶，可以 24 小时提供奶水。另一个假猴是用绒布做的，摸起来比较舒适和柔软。实验结果显示，所有参与实验的猴子都选择了没有奶瓶的“绒布妈妈”。几乎所有时间里，猴子都会挂在“绒布妈妈”身上，只有饥饿难耐时，才会跑到“铁丝妈妈”那里吃奶，但只要一吃饱，就会迅速回到“绒布妈妈”怀里。有的猴子甚至饿了也不愿离开“绒布妈妈”，它们把身子挂在“绒布妈妈”身上，只把头探到“铁丝妈妈”那边吃奶。

根据实验，哈洛认为，爱源于接触，而非食物。接触所带来的安慰感，是母爱最重要的元素。“母爱的本质，绝对不是简单地满足孩子饥饿和干渴的需求，它的核心是接触性关怀：拥抱、抚摸、亲昵。”

哈洛的结论得到很多验证，现在人们越来越重视妈妈和孩子之间的亲密接触。在医院，当孩子出生后，医生会尽快让孩子趴在妈妈胸前，让他们和妈妈进行身体的亲密接触。

解决方案

◎ 给孩子充满爱意的按摩

可能很多家长觉得按摩只适用于小孩子，孩子大了就不需要了，其实并不是，按摩是值得一直坚持的习惯。当孩子八九个月后，会爬、会走了，要让那些没有按摩习惯的孩子安静地躺在床上就变得很难。这时候，要学会把按摩变成一种游戏，加上故事、音乐，吸引孩子的注意力，让他安静下来。有时并不需要全身按摩，只要按按手或脚，或者在后背上按一按，就可以让孩子感受到你的爱。

◎ 把换尿布变成甜蜜的亲子互动

在孩子 1 岁半以前，大约需要换 4000 次尿布，如果抓住这些时机，把清洁工作变成甜蜜的身体接触，会极大地促进孩子的身心健康。那应该怎么做呢？首先将孩子手上的玩具收走，让他们集中注意力。同时，要一直注视着孩子，然后告诉他：“妈妈要帮你换尿布喽！”

1. 描述你们在做的事。向孩子解释你做的每一个动作，展示的每一个物品：“孩子，妈妈要帮你脱裤子了，你看，这是一块干净的尿布。”这样会在他的记忆中渐渐形成一套换尿布的流程，建立他的安全感，还能增加他的词汇输入。

2. 请孩子一起帮忙。“来，把屁股抬起来。”保持双方互动，如果孩子一开始不能做到，妈妈可以给予帮助。

3. 享受亲密接触。换好尿布后，用双手温柔地在他的小肚子上画一个爱心，摸摸他的小腿。或者轻轻抓着他的两只小脚丫，跟着他的节奏一起摇动，哼几句儿歌。让孩子感受到妈妈的爱。

换完尿布，记得谢谢孩子配合妈妈顺利换尿布，并且把愉快的情绪传递给孩子，比如描述换完尿布的感受，“哇！现在真舒服”。

◎ 善用安抚物

安抚物是指能带给孩子感官刺激的玩具或物品，能让孩子在心灵上产生满足、安全与熟悉的感觉，有助于孩子稳定情绪，缓解焦虑与不安。

孩子 8 个月大的时候，就会选择自己的安抚物，比如一个毛绒玩具、一块柔软的小毯子，去哪儿都要带着。无论是他累的时候，还是害怕的时候，这个安抚物都能代替家人的抚摸和拥抱，起到陪伴和抚慰的作用，帮助他做出情感方面的转移，由依赖变成独立。

可以马上做的三件事

- ✔ 每天睡前给孩子做一次按摩。
- ✔ 帮孩子换尿布时与其进行身体接触。
- ✔ 让孩子选择一个安抚物。

亲子阅读如何开启

你可能
遇到的问题

- 不知道从什么时候开始阅读
- 不知道如何给孩子选书、读书

亲子阅读，越早开始越好，但什么时候开始都不晚。选对书，选对阅读方式，让孩子养成良好的阅读习惯。

亲子阅读的重要性

1992 年，英国的一些民间机构、大学和图书馆等组织发起了从零岁开始阅读的活动——“阅读起跑线计划”。他们为 300 个有 7 ～ 9 个月大孩子的家庭提供了免费的童书和阅读指南，并且对这些家庭进行持续追踪。几年后，他们发现获赠图书的家庭，无论是对图书的兴趣，还是进行亲子共读的频率、全家去图书馆的次数都增加了。更重要的是，这些孩子上小学后，基本学力测验的成绩也优于其他孩子，不但语文学习能力强，算术能力也很好。

后来英国便开始全面推广从零岁开始的“阅读起跑线计划”，其他国家如德国、美国、芬兰也开始纷纷推广该计划。

解决方案

家长可以根据孩子的发展特点和阅读兴趣，选择合适的书。

◎ 认知方面

6个月之后，孩子开始对因果关系感兴趣，比如他做一个动作后会期待看到这个动作带来的结果。家长可以找一些一按就发声的书，或者拉动书上的某一个部分，另一部分就会动的玩具书。

这些坑不要踩

✗ 强行阻止孩子咬书、撕书

有的家长看到孩子咬书、撕书，认为现在读书太早，或者强行把书从孩子手里夺走。其实，前后乱翻、把书放嘴里咬、撕扯书页，这是孩子在用自己的方式和书互动。对这个阶段的孩子来说，这也是一种阅读。如果家长强行阻止，孩子觉得书不好玩，可能就不会有读书的兴趣了。

家长可以轻轻地把书拿过来，说："书是用来看的，让我们看看书里有什么好玩的吧！"把书翻开，用书里的图画吸引孩子的注意力。另外，选书的时候，我们要尽量选择纸板书、布书，可以避免孩子对书造成破坏。

✗ 自顾自地读书，缺少互动

有的家长会很认真地为孩子读书，却缺少和孩子的交流互动。其实，这个月龄的孩子虽然还不会说话，但已经会用表情、肢体和简单的发音与大人交流，读到喜欢的画面，他会用手指或者"啊啊"地回应。所以，为孩子读书时，家长要仔细观察孩子的反应，比如发现孩子在看书上的青蛙，就可以说："这里有一只绿色的青蛙，呱呱呱。"我们可以主动地说出书上的事物，或者做出书上的动作。让他知道自己发出的信号是受欢迎的，交流是双向的。

✗ 一本书必须读完才能停

有的家长给孩子读书的时候，觉得应有始有终，一本书必须读完，要不就认为孩子不专注。其实，这个阶段的孩子集中注意力的时间很短，而且他正处于喜欢爬行的阶段，很难把他抱在怀里让他看几分钟的书，所以，一旦孩子被其他事物吸引，想要爬走，也不要勉强，跟着孩子的兴趣，一会儿再读也没有关系。

8 个月之后，孩子开始建立客体永久性的概念，即看不见的东西并不会真的消失。这个阶段的孩子很喜欢玩藏猫猫的游戏，我们可以给孩子准备“藏找”主题的书，把游戏从生活延伸到阅读中。

◎ 从语言发展的角度来看

孩子的理解能力提高，能听懂简单的指令，比如问他灯在哪儿，他会用手指；跟他说再见，他就会挥挥手。所以，指认物品、语言交际主题的书，很适合这个阶段的孩子。

还要给孩子听儿歌、童谣，帮助孩子积累词汇量，童谣中有很多重复的词语，他会慢慢熟悉这些词语，而每一个句子都是帮助他学习语言结构的素材。

◎ 从动作发展的角度来看

7 个月后，孩子的手部动作越来越灵活，小手逐渐掌握抠、捏、拍等动作。家长可以给孩子提供像“触摸书”“洞洞书”“推拉书”这种可以用手探索的书。

要注意的是，这个时期的孩子，手指力量和动作协调能力有限，家长要尽量准备一些中小开本，同时外形圆滑、容易翻动的书，让孩子可以轻松翻阅，保持愉悦感。尽量不要让小龄孩子自己翻看书页很薄的图书，以免划伤皮肤。

◎ 从情绪和社会性发展的角度来看

7 个月大的孩子更擅长识别大人的面孔和表情，还会模仿大人的表情，所以，给孩子选择表情识别的书，孩子会很喜欢。

可以马上做的三件事

- ✔ 为孩子挑选合适的图书。
- ✔ 和孩子共读一本好书。
- ✔ 及时回应孩子在阅读中的表现。

怎样避免孩子的习得性无助

你可能遇到的问题

- 孩子对新事物不感兴趣，不愿尝试
- 孩子遇到困难容易放弃，依赖家长

孩子经常出现“试都不试就放弃”的状态，有可能是习得性无助，家长一定要警惕。

什么是习得性无助

“习得性无助”是美国心理学家马丁·塞利格曼最早提出的概念。

塞利格曼做过一个实验，他把小狗分为 3 组进行了两轮实验。在第一轮实验中，第一组小狗没被电击，第二组和第三组小狗都被电击，但是第二组小狗通过踩一个按键可以避免电击，第三组不管做什么都避免不了电击。在第二轮实验中，小狗只要走到房间的另一头就能避免电击，结果只有前两组小狗选择了走到房间的另一头，第三组小狗连尝试都没有尝试，什么也没做，就这样坐以待毙。

于是塞利格曼得出一个结论：当过往的经验告诉小狗尝试没有用时，它们就会认为自己无论做什么都是没用的，所以即使到了一个新的情境中，它们也会受到这种经历的影响，不会去尝试改变现状。这种因为过往经验而对现状感到无助，不相信自己能够改变，坚信“不管我做什么都没用”的消极心理就是“习得性无助”。

后来心理学家们做过一个实验，给三组 8 个星期大的婴儿一种特定的枕头，掌控组的婴儿只要把头压在枕头上，床铃就会旋转；第二组婴儿的头不管压不压在枕头上，床铃都会旋转；第三组的床铃完全不会旋转。最后大家发现，掌控组的孩子会笑和发出声音，并且不停重复头玉枕头的动作，而另外两组没有任何情绪的转变，也不会重复这个动作。

这个实验告诉我们，即使是 8 个星期大的孩子也喜欢掌控的感觉，而这种感觉会促使他们不断尝试，让孩子远离习得性无助。

解决方案

1. 要对孩子的声音和动作有明显的回应。当孩子做了某个动作以后，要及时给他一个回应，特别是他正好在重复做这个动作的时候，比如孩子在反复敲桌子，他敲一下，你就鼓一下掌；他再敲，你再鼓掌。这样孩子就能明显感受到自己的动作和你的回应之间的联系，你就像一个牵线木偶，被他的动作操控，这会增强他的掌控感。

2. 孩子遇到困难时，适时帮助，但不代替他做。比如，孩子玩套杯玩具，可能先套上了小套杯，到大套杯的时候就套不上了。孩子还在观察尝试，旁边的大人不由分说地纠正过来。家长以为这是帮孩子，但其实是剥夺了孩子自己尝试的机会。长期如此，孩子会对家长形成依赖，想着“反正不用我做，也有人替我做”，变得什么都不去尝试。

正确的做法是给孩子自己尝试的机会，如果孩子尝试多次还做不到，家长可以口头指导，比如“试试先放大的，再放小的”，要想办法让孩子自己做到，而不是代替孩子去做。

可以马上做的三件事

- ✔ 和孩子玩一次“牵线木偶”游戏，当他对你笑时，做出一个明显的动作回应，让他觉得自己的笑可以操控你的动作。
- ✔ 当孩子玩玩具遇到困难时，口头给孩子指导，鼓励孩子尝试。
- ✔ 读书时，给孩子两本书让他选择，优先读孩子选出来的那本。

抓住时机，让孩子学会自己吃饭

你可能遇到的问题

- 喂孩子吃饭时，孩子开始抢勺子，想自己吃，可是又吃不到嘴里
- 孩子把手伸进碗里，抓着饭菜玩

当孩子发出要自己吃饭的信号时，家长一定不要错过，从现在开始让孩子养成自己吃饭的习惯。

锻炼孩子自主进食

随着年龄增长，孩子的好奇心和自主意识越来越强。8 个月以后，孩子不再满足于等着大人喂饭，他会伸手抢勺子，想要自己吃饭。

自主进食不仅能锻炼孩子的手部精细动作和口眼协调能力，还能让孩子体会到吃饭的快乐，对吃饭产生兴趣，有利于培养孩子良好的饮食习惯和独立意识。

美国儿科学会建议："当孩子能自己坐稳的时候，就可以给他一些用手拿着吃的小食物，让他自己学着吃。等到 12 个月时，孩子会很习惯自己用杯子喝水，用勺子或者手吃东西。"

家长应抓住这个时机，给孩子创造自主进食的环境，让孩子养成自己吃饭的习惯。

解决方案

◎ 巧用“双勺法”，保护孩子自己吃饭的热情

因为宝宝还不能把食物准确地送进嘴里，他可能会挥舞勺子把辅食甩得满天飞。慢慢地，宝宝会用勺子舀好食物，但是放进嘴里时，勺子会翻过来，饭还是吃不到嘴里。在培养孩子自主进食的时候，家长可以给孩子准备一把小勺子，鼓励他自己吃，同时，自己用另一把勺子继续喂他。这样既能保证孩子吃

这些坑不要踩

✗ 嫌孩子吃饭“脏乱慢”，不让孩子自己吃

很多家长认为，孩子自己吃饭，吃得慢也吃不饱，还弄得桌上桌下乱糟糟，收拾起来很麻烦，所以坚持喂饭，不让孩子自己吃。这样确实不会弄脏桌上桌下，但也剥夺了孩子自己学习吃饭的机会，延后孩子自己吃饭的时间，也延后了孩子养成好的吃饭习惯的时间。

其实做好防护就可以解决这个问题。吃饭时给孩子穿防水的衣服，在孩子的餐椅和桌子下面铺上报纸，吃完饭后可以扔掉，这样就可以减少收拾餐桌的时间和难度。

✗ 担心不卫生又浪费，阻止孩子玩食物

吃饭的时候，孩子会玩、捏食物，比如把米饭抓在手里黏糊糊的，因为他觉得很好玩。有的家长担心孩子玩食物会养成不好好吃饭的习惯，还很浪费，就会阻止孩子玩，并且把饭菜放得远远的，让孩子够不到，这样的结果就是孩子没法自己练习吃饭。

其实，适度允许孩子玩食物，更能激发他们把食物吃掉的意愿。科学研究指出，玩食物这种触觉游戏能够帮助孩子克服对食物的抗拒心理。所以，家长不要强行禁止这种行为，只要坚持和孩子一起吃饭，让他看到你的进餐动作、习惯，他也会跟着模仿学习，等他慢慢熟悉食物后，会自动放弃这种行为。

饱，又能保护他自己吃饭的热情和兴趣。

为了方便孩子抓握，勺子要选择勺柄短且有一定弯曲弧度的。食物最好选择能用勺子舀起来、质地黏稠的，比如煮得软烂的面条、很稠的粥等。少量多次地盛到孩子的碗里，防止孩子打翻碗，食物洒出来。

◎ 循序渐进地提供手指食物

手指食物指的是孩子能够用手抓起来，并且送到嘴里的食物。手指食物不仅能满足孩子自主进食的好奇心，还能锻炼孩子手指的精细动作和手眼协调能力。

最开始的时候，孩子用整个手掌抓东西，而且不会有意识地打开手掌。如果给孩子一块磨牙饼干，你会发现，他只啃露出手掌的那一部分，啃完了，剩下的那部分他就扔掉了。所以，开始的时候，手指食物要切成长条状，比如蒸熟的土豆条、胡萝卜条、红薯条等，方便抓握，长度要比孩子手掌的宽度长 5 厘米左右，这样能保证抓住后食物可以露出来。

当孩子 9 ~ 10 个月的时候，已经可以用大拇指和食指捏食物，这时候就可以给他提供一些切成丁状的食物。家长可以把食物切成 1 厘米见方，帮助他进一步练习手指的精细动作，为后期顺利使用勺子吃饭打好基础。

可以马上做的三件事

- ✔ 吃饭时间，准备一些手指食物，让孩子自己拿着吃。
- ✔ 准备两套餐具，一套用于孩子自己练习吃饭，一套用于你喂他吃饭。
- ✔ 孩子玩食物的时候，管住自己的嘴和手，不要阻止孩子。

用躲猫猫游戏帮孩子建立客体永久性概念

你可能
遇到的问题

- 只要妈妈不在眼前，孩子就会大哭找妈妈
- 和孩子玩球，球滚走了，孩子就不再找了

孩子的这些表现其实和客体永久性的概念相关。

认识客体永久性

客体永久性指的是即使一样东西从眼前消失不见，我们也知道它是客观存在的，只是看不到而已。

客体永久性概念的提出者是著名心理学家皮亚杰，他认为，这种能力并非生来就有，理解客观世界的存在是需要学习的。

皮亚杰通过实验得出结论，小孩子没有“客体永久性”这个概念，在小孩子的世界里，他们看得到的东西才是存在的，而看不到的就是不存在的。

在 9 ～ 12 个月的时候，孩子能意识到，即使物体被遮挡，它也依然存在这一事实。例如，将玩具用毯子完全盖住，孩子会揭开毯子找到它。这表明他已经知道：即使物体看不见，它们依然是存在的。但是，皮亚杰发现这个阶段的孩子还有个有趣的现象，那就是当把物体藏在 A 处时，孩子能找到，当把物体放在 B 处时，孩子仍然会去 A 处寻找。这说明客体永久性的概念发展得还不成熟。

1 岁半以后，孩子的客体永久性概念彻底形成，比如，一个小球从桌子这边滚落下来，孩子会从桌子这边找到桌子的对面。他之所以会这样做，是因为他虽然看不见球，但是内心会摹想小球的滚动轨迹。

建立客体永久性概念的好处

◎ 能带给孩子安全感

只有认识到看不见的事物依然存在，孩子才能相信妈妈离开还会回来，这有助于孩子安全感的建立。比如，孩子在 7 ~ 8 个月的时候出现分离焦虑（和妈妈分开后会崩溃哭闹），但当他拥有了客体永久性认知之后，分离焦虑就会缓解。

◎ 为孩子学说话做好准备

只有意识到不在眼前的东西依然存在，用人称代词、名词来指代不同的事物对孩子来说才具有确定的意义。建立客体永久性概念后，即使看不到，孩子也会用物体的名称来表达，而不是只在看到物体时，才会用手边指边说“这个”“那个”。

解决方案

◎ 鼓励孩子多爬

20 世纪末，美国心理学家研究发现，爬行行为出现得越早的孩子，其客体永久性发展也会越早，而且爬行的时间越长，客体永久性的发展水平就越高。这是因为孩子通过爬行能够获得许多生活经验。比如，爬行能够增加孩子体验同一物体在视野中不断消失、再现的机会，这正是建立客体永久性概念的关键。所以，家长应鼓励孩子多爬，并且在孩子爬行时设置一些障碍物阻挡视线，培养孩子的探寻能力，促进孩子客体永久性的形成。

◎ 和孩子玩躲猫猫的游戏

皮亚杰认为，躲猫猫游戏能帮助孩子建立客体永久性的概念。

躲猫猫游戏是全世界的孩子都乐此不疲的游戏。当我们伸手遮住眼睛时，眼睛似乎就消失了；当我们将手移开，眼睛又回来了。孩子正是从“消失—出现，再消失—再出现”的不断重复中，逐步理解看不见的东西还是存在的。

所以，最初的躲猫猫游戏，你只要用手盖住脸，再打开，再盖住，孩子就会咯咯笑。当孩子会爬或会走后，你可以躲在另一个房间里，叫孩子的名字，让孩子去找你。

◎ 和孩子玩藏找物品的游戏

藏找游戏可以从易到难、循序渐进地玩。刚开始时，我们可以当着孩子的面，将他喜欢的玩具藏起来，但留下线索，比如露出玩具的一角，引导孩子自己爬过去寻找。当孩子熟练后，就可以不让他看到藏的过程。比如，趁孩子不注意，把玩具藏在游戏区域，鼓励他去找。也可以先让孩子熟悉闹钟或手机的音乐声，然后将它们藏起来，让孩子循声去找。

◎ 日常聊天很重要

每天和孩子聊聊天，也可以帮助孩子建立客体永久性的概念。比如，跟孩子说说，爸爸妈妈早上离家去上班，晚上又回来了；身边发生了什么有趣的事情；孩子这一天做了什么，有什么变化。

可以马上做的三件事

- ✔ 鼓励孩子多爬行。
- ✔ 和孩子玩躲猫猫游戏。
- ✔ 和孩子玩藏找玩具的游戏。

孩子出现分离焦虑时，妈妈不要偷偷离开

你可能遇到的问题

- 孩子太黏人，妈妈去厕所都不能关门，一关门孩子就在外面号啕大哭
- 妈妈一穿上出门时穿的外套，宝宝就开始哭闹，不让妈妈上班

孩子的这些表现是分离焦虑的典型表现，家长要放平心态，积极面对，帮孩子度过分离焦虑期。

分离焦虑是成长的必经阶段

孩子出现分离焦虑是情感和认知发育的一个必经阶段。随着孩子心智增长，7 ～ 8 个月时，他们开始能分清“自己人”和“外人”，见到不熟悉的人会害怕、焦虑。另外，孩子还没有建立起客体永久性的概念，也就是说，这么大的孩子还不能理解他们看不到的东西只是看不到而已，不是不存在了，所以他们看不到妈妈就以为妈妈永远消失了。这两点导致孩子在看不到妈妈时产生分离焦虑，但出现分离焦虑也代表着孩子的认知上升到了一个新阶段。

美国儿科学会认为，孩子的分离焦虑通常会在 9 个月时出现，但也有的孩子会在 4 ～ 5 个月的时候出现。分离焦虑一般会在孩子 10 ～ 18 个月时达到顶峰，然后在 18 ～ 24 个月时逐渐消失。

解决方案

◎ 在家时有意练习

1. 多和孩子玩“捉迷藏”游戏。孩子出现分离焦虑的一个原因是还没有客体永久性的概念，他以为看不见了就是没有了。躲猫猫游戏是帮助孩子认识客体永久性的有效方式。比如，你藏在门后，或者在另一个房间，叫孩子的名字让他去找你，他慢慢就会知道“有些东西即使看不见了，但是依然存在”。

2. 短时间分开，让孩子知道你走了还会回来。假如你要去厕所，就跟孩子打招呼，虽然一开始孩子可能不太懂，但是时间长了他就知道，妈妈打了招呼之后，一会儿还会出现。这时候尽量用完整的句子详细地描述孩子的感受，比如，“我知道你很想和妈妈在一起，现在妈妈要去卫生间，你可以先玩一会儿这个玩具，妈妈马上就回来啦”。然后，给他一个玩具，鼓励他自己玩一玩，

这些坑不要踩

✗ 怕孩子哭闹，选择偷偷离开

有些家长为了避免分离时孩子哭闹，会选择在孩子睡觉或是不注意的时候悄悄溜走。但是这样做，只会让孩子变得更黏人，因为他会担心“如果我不拉着妈妈，一不留神妈妈就会离开”，所以只要妈妈在身边，他就会紧盯着妈妈。如果妈妈偷偷离开，孩子回过神来会四处找妈妈，因为他不知道妈妈去了哪里，心里更慌，这会破坏孩子的安全感。

✗ 心太软，离开后又返回

很多家长在出门后，听到孩子撕心裂肺的哭声，又忍不住折返回来，抱着孩子给予安抚。家长的情绪和行为会影响孩子，如果你内心忍受不了跟孩子暂时的分离，充满矛盾、愧疚，告别时比孩子还痛苦，那么孩子也将无法忍受这种分别，变得更加焦虑，延长分离焦虑的时间。

这样你就可以去另外的房间了。当他叫你的时候，你不需要马上出现，但是要大声地回应他，跟他说话，让他知道即使看不见你，你也在，并没有消失。当你回来之后，你可以高兴地和他打招呼，拥抱他。

◎ 出门前后重点安抚

1. 在出门前玩一个身体接触的游戏。比如，妈妈上班前，最好提前几分钟告知孩子，让他们做好心理准备。再与孩子玩一个身体接触的游戏。在游戏结束时与孩子约定好，回来后继续玩耍。这些行为一方面让孩子有了和妈妈暂时分离的心理准备，另一方面也让孩子感受到妈妈的爱，减少和妈妈分离后的焦虑。

2. 建立一个简短的分离仪式。比如，每次分离的时候，抱抱或者亲亲孩子，然后说“再见”，迅速离开，即使孩子哭，也一定要忍住别回头。如果每次都遵循这个程序，孩子习惯后，就会主动亲亲你，看着你离开。

3. 回来后与孩子好好亲热。比如，告诉他“你看妈妈下班了，下班就可以回家陪宝宝了”。让孩子知道，妈妈离开还会再回来。也可以偶尔带回一个玩具，孩子也许就不那么排斥妈妈出门了。

可以马上做的三件事

- ✔ 发明一个专属于你和孩子的身体接触游戏，经常陪孩子玩。
- ✔ 和孩子玩躲猫猫游戏，你躲到另一个房间，让孩子找你。
- ✔ 建立一个简短的分别仪式。

4

10～12个月的宝宝

动手做，孩子认知世界的方式

你可能
遇到的问题

- 孩子对家里每个角落都好奇，还经常搞破坏
- 什么东西孩子都想摸一摸、尝一尝

皮亚杰把孩子称为“小小科学家”，家长要做的就是理解并遵循孩子发展的规律，给孩子提供适宜的环境，最大限度地支持这个“小小科学家”的发展。

孩子感知觉主要发展表现

在这个阶段，孩子有两个主要表现。

第一个表现，孩子有了因果关系的概念，他的动作有了明确的目的。比如，他会拉成人的手，把手移向自己够不着的玩具所在的方向，或者要成人揭开盖着玩具的布。这表明他在做出这些动作之前已经有拿到玩具的目的。为了达到目的，他还有了解决简单问题的能力。当他想拿到想要的玩具，却被别的东西挡住时，他会先把挡在面前的东西拿开。

因果关系的建立，简单来说就是孩子知道自己的行为可以引起一个结果。比如，他发现按一下开关灯就会亮，他就老想去按；他拿到一个东西后不再只是放进嘴里啃咬，他会敲打、扔出去、翻过来，其实都是在体验这些行为可能带来什么样的结果。

这个阶段的孩子特别喜欢扔东西，其实也是在试验“如果我丢下这个球，会发生什么”，可能会滚远，会弹起来，也可能会发出声音，还可能包括妈妈的反应，如吓一大跳或者生气地大喊大叫。孩子觉得这些反应特别有趣，他会不断地尝试，故意把手里的东西扔下去，尝试这个行为可以带来什么结果。

第二个表现，孩子的模仿行为越来越明显和稳定，他出现了延迟模仿。什么是延迟模仿呢？最开始的时候，孩子模仿时示范者必须在场，当下教，当下模仿。9 个月以后，先让孩子观察一些简单动作，比如关闭盒子。有的孩子在一天后仍然能模仿这个动作，说明他不但学会而且记住了，这就是延迟模仿。

随着模仿能力的提升，你会发现孩子开始玩假装游戏，或者说最初的假装游戏就是从模仿大人开始的，比如，孩子会模仿你的样子把玩具放在耳边做出打电话的样子，这就是典型的假装游戏。

解决方案

◎ 给孩子准备适合探索的玩具

给孩子准备适合探索的玩具，不一定非要购买现成的玩具。可以找一个收纳箱，里面放上大小和形状不同的物品，比如不怕摔的碗、勺子，各种球、积木，空塑料瓶等，前提是确保安全。

这样的环境下，孩子能自己玩很久，他可能会把每个东西都拿出来看看，再放进嘴里咬咬，拿着积木敲敲，也可能把箱子里的东西都倒出来，把球扔出去，再爬着捡回来。

箱子里的东西不定期地更新，这样孩子会一直对它有兴趣。

◎ 回应孩子发出的信号

孩子探索的时候，家长不要打扰他，但要关注他。如果他有了新发现看向你，或者有困难想找你帮忙，你要立即回应。

千万别小看你的回应。有研究发现，这个阶段的孩子，一天当中，每小时大约会有 10 次想要跟大人互动的愿望。如果你表现出对他的兴趣非常重视并且愿意满足他的好奇心，把他感兴趣的东西用语言表达出来，鼓励他尝试探索，他对世界的好奇心就得到了保护，这可是他进一步探索的基础。

回应的方法很简单，比如，他举着瓶子给你看，你说：“哦，这个瓶子里装了大豆，摇起来会响，是吗？”孩子就会特别高兴。

◎ 设置简单问题，培养解决问题的能力

在孩子想拿到一个玩具时，不要直接给他，而要给他设置一个小障碍，比如用东西挡一下，让他想办法拿开东西后才能拿到玩具。或者把玩具放在有点高度的柜子上，他想要的话，可以爬到沙发上去够。当他需要帮助的时候，你可以慢慢给他展示解决问题的方法，并用语言讲出来。

◎ 提供道具，支持孩子的假装游戏

假装游戏可以促进孩子认知的发展，有研究发现，经常玩假装游戏的孩子，在认知发展、语言技能、创造力测验中的表现，比玩得少的孩子更优秀。

为孩子的模仿游戏提供道具，刺激孩子进行模仿并玩假装游戏。比如玩具电话，真实的碗、勺子等，他会拿着电话放在耳朵边像大人打电话一样叽里咕噜地说话。给他一个玩具熊、一把小勺，他也会试着把勺子放到小熊的嘴边，就像妈妈喂他吃饭一样。

同时，要多给孩子提供观察人和事情的真实体验，为他的模仿学习增加素材。比如，在家的时候，让他看到你做饭、扫地；外出的时候，你可以带他看司机开车，看售货员卖东西，等等。

可以马上做的三件事

- ✔ 为孩子准备一个“百宝箱”，用来放适合孩子探索的各种物品。
- ✔ 和孩子互动时，给他设置一个小障碍，培养他解决问题的能力。
- ✔ 给孩子提供假装游戏的道具，并且多带孩子观察别人在做什么。

如何协助孩子学走路

你可能遇到的问题

- 别人家的孩子都会走了，我的孩子还不敢迈步，怎么帮他练习
- 孩子走路不稳，经常摔倒，这正常吗

孩子在 9 ~ 15 个月之间学会走路都是正常的。了解促成孩子走路的因素，帮孩子顺利学会走路。

影响孩子走路的因素

通常，孩子从 9 个月开始，会出现扶站，接着出现扶蹲、扶走。大部分孩子会在 11 个月左右开始行走，但是 9 ~ 15 个月之间学会走路都是正常的。

心理学家埃丝特 · 塞伦提出，影响孩子学走路主要有 3 个因素。

◎ 肌肉力量

孩子只有腿部肌肉有力量了，才能支撑着身体站起来。和大人不同，孩子不是通过健身来加强肌肉力量的，而是在自由玩耍、探索活动中完成锻炼的。家长应多为孩子创造可以活动的环境，让孩子充分运动，以增加腿部肌肉力量。

◎ 姿势控制

简单来说，姿势控制就是保持身体平衡。人走路的时候，需要两条腿支撑身体，还要交替迈步。在这个过程中，身体必须保持平衡才不会摔倒。但是平衡并不是天生就有的。在孩子不同的运动方式中，大脑要适应并记录它对平衡或非平衡状态的理解和体验，不断地进行调整和适应，从而获得对平衡的体验，逐渐提高平衡的能力。所以，你可能会发现，孩子刚开始学走路时会双臂抬高，双脚分开形成较宽的支撑面。这个姿势可以让他的步伐更稳定，减少摔倒次数。随着他对身体的控制能力越来越好，步态也会越来越自然。

◎ 动机，也就是孩子想走的意愿

孩子为什么想努力地站起来、迈步走呢？发展心理学中有一个“动力系统理论”，该理论认为，孩子希望获得并完善这些动作技能，是因为这些动作技

这些坑不要踩

✗ 给孩子使用学步带

很多家长喜欢用学步带帮助孩子练习走路。你会发现孩子依靠学步带往前走时身体是前倾的，他不需要去寻找平衡和协调的感觉，也不会摔倒。这样的孩子失去学步带的保护后，很容易摔跤，因为他不会自己找平衡。因此，家长最好让孩子扶着东西自己去摸索走路的姿态，也不要牵着孩子的手练习走路，以免孩子把重心放在你手上。

✗ 经常抱着孩子

有的家长经常抱着孩子，这样，孩子想去哪儿马上就被抱过去了。孩子想站起来够东西，家长马上就递到他手里。如果孩子的需求轻易得到满足，不需要自己练习，那他的运动能力就会落后。

✗ 孩子一摔倒就大呼小叫

孩子在学走路的过程中，摔倒是不可避免的，如果家长过于紧张，孩子一摔倒，家长就大呼小叫，这样会加剧孩子对学走路的恐惧。如果孩子摔倒了，家长平静地安抚、鼓励孩子，孩子也会平静地面对摔倒，慢慢地他就会走稳。

能可以帮助他们接触到自己感兴趣的事物，或者可以实现他们的某些想法。换句话说，孩子想站起来、想走路，是因为有东西吸引着他，他必须走过去才能拿到。比如，孩子刚开始学走路时，妈妈蹲在孩子前方不远处，张开手臂，呼唤孩子。孩子开始也许会犹豫，不敢迈步，但是在妈妈的呼唤中，最终会蹒跚着走向妈妈的怀抱。这就是动机促成了行动。

解决方案

首先，给孩子提供一个安全、宽阔的空间，同时增加一些可以扶走、扶站的东西，比如沙发、矮桌子等，让孩子想站起来的时候有东西可以攀扶。

其次，根据孩子学走的几个阶段特点，用游戏吸引孩子练习。

孩子从爬到走的学习过程是先扶物走，扶物能蹲下，然后独自站立，最后是独自走。在孩子练习扶站、扶走时，家长可以在椅子上放一个玩具，逗引孩子去拿。孩子要先爬到椅子旁边，再扶着椅子站起来。或者让孩子站在沙发的一头，家长把玩具放在沙发的另一头，逗引孩子扶着沙发走过来拿。

比如让孩子练习蹲站，就可以在他站着的时候，把他喜欢的玩具放在脚下，让他蹲下捡起来，再站起来。也可以拿一个手电筒，把光投在孩子前面的地上，鼓励孩子去抓，当孩子蹲下，光又跑到了桌子上，孩子会再站起来。通过光的移动，孩子反复蹲下、站起，锻炼了身体平衡能力和腿部的力量。

孩子有时不是不能独自站立，而是害怕，不敢松手。这时候，可以给孩子一个单手拿不住的玩具，比如皮球，让孩子不知不觉地放开双手，独自站立；也可以把玩具放在他身体的另一侧，逗引他转动身体，独自站立。

可以马上做的三件事

- ✔ 减少围栏的使用，去除家中的安全隐患，给孩子提供一个适合练习走路的环境。
- ✔ 如果家里有学步带和学步车，尽量少用或不用。
- ✔ 跟孩子玩手电追光的游戏，如果孩子还不能站起来，也可以爬着玩。

英语“磨耳朵”，你做对了吗

你可能遇到的问题

- 只要孩子醒着，就放英语儿歌，意在给孩子“磨耳朵”
- 给孩子听英文儿歌，可是孩子好像没什么反应

在英语启蒙中“磨耳朵”很重要，但“磨耳朵”的方法更关键。

为什么要给孩子“磨耳朵”

宝宝1岁前，主要是听，尤其喜欢听韵律感强，富有节奏感，重复度高的童谣。经常给宝宝听英语童谣，通过“磨耳朵”可以让孩子逐渐熟悉英语语言的韵律、节奏和发音，培养他听音、辨音的能力，也就是“语感”。

但是要学会一门语言，除了要大量地听，还要双向互动和交流。

解决方案

◎ 遵循“i+1”的原则

孩子8个月左右开始理解语义，他不仅可以理解一些常用语的意思，而且可以用手指出相应的物品，开口学说话。这时我们得重视给孩子“可理解性输入”，也就是尽量帮他理解听到和看到的内容。

根据美国教育学心理学家提出的“i+1”原则，可理解性输入就是在孩子

现有的水平“i”上增加一点点的难度“1”。所以，与其每天给孩子循环播放上百首不同的儿歌，不如先每周给他听一首儿歌，等他差不多能够理解这首儿歌的内容后，再给他听新的儿歌。另外，我们在给孩子听新儿歌时，也要穿插几首以前听过的儿歌，这就是在巩固现有水平“i”。

◎ 进行双向互动

为了帮助孩子理解儿歌内容，家长可以根据歌曲内容选择合适的互动方式，比如，听 *Head shoulders knees and toes*，这首儿歌就是在不断重复唱四个身体部位，唱到哪个单词时，就用手轻轻点一下孩子对应的身体部位。如此反复，孩子就会知道不同身体部位的英文表达方式。

听 *Colors Finger Family* 这首儿歌，可以用水彩笔在手指头涂上歌中唱到的颜色，当歌词唱到“ Blue finger blue finger where are you”时，就伸出蓝色的手指，唱到“Red finger red finger where are you”时，就换成红色的手指，这样不仅能用鲜艳的颜色吸引孩子的注意力，还可以帮他理解英文内容。

◎“磨耳朵”的时机，要“准”不要“多”

孩子通常喜欢有规律、可预测的生活。家长可以选择孩子每天精神好的时间为他“磨耳朵”，比如每天清晨喝完奶后固定为“磨耳朵”时间，这样孩子无论是生理还是心理上，就会对磨耳朵这件事有一个预测或者期待，能够更快地进入状态。另外，“磨耳朵”的时间不用太长，通常每天保持 15 ~ 20 分钟即可。时间长了，孩子的注意力不集中，互动效果也会打折扣。

可以马上做的三件事

- ✔ 重新整理你为孩子准备的“磨耳朵”儿歌库。
- ✔ 和孩子听一首英文儿歌，并且做相应动作，和孩子进行互动。
- ✔ 为孩子确定一个合适的、状态比较好的“磨耳朵”时间。

孩子认生怎么办

你可能遇到的问题

- 孩子看到不熟悉的人就紧张，还会大哭
- 带孩子出去玩，在陌生的地方孩子会很紧张

认生是孩子成长过程中的必经阶段

“认生”是孩子成长过程中的一个必经阶段，心理学上称之为“陌生人焦虑”。在这个阶段，孩子会表现出对陌生环境的恐惧，看到陌生人时会表现出害羞、胆怯等情绪。这种现象通常在孩子 6 个月的时候开始出现，在 1 岁左右表现最明显，在 2 岁左右逐渐消失。

德国著名教育学家克里斯蒂安认为：“孩子的认生期随着他的成长而自然产生，很可能在一夜之间，认生期就到来。”可以说，认生是孩子变聪明的一个表现：首先，说明他可以辨别出哪些是熟悉的面孔，哪些是陌生的人和环境；其次，说明他对常照顾自己的人产生了依恋。一般来说，孩子的依恋感越强，认生情绪越强烈。最后，认生代表孩子正在学习自我保护，不会“谁都能抱走”。

在下面这些情境下，孩子更容易认生。

一是陌生环境中的陌生人，双重“陌生”会使孩子缺乏安全感，他也会更警觉。

二是非常热情和冒失的陌生人，一上来就要靠近孩子，通常会遭到孩子的哭闹反抗。

三是严肃的陌生人，孩子会东张西望，试图转移自己的注意力，有的甚至会哭起来。

四是孩子在身体不适的情况下，面对陌生人，也会更加紧张。

解决方案

◎ 抱紧孩子，不要给孩子贴标签

不论处于何种情形，如果孩子表现出害羞、抵触，你要安慰他，而不要给孩子贴标签，说“孩子害羞”“孩子胆小”这样的话。这时他会蜷缩在你怀里，希望得到最大的安慰，你只要通过抱紧他的方式回应他就行。当他逐渐放松下来，他又会偷偷地从你的怀里探出头朝外张望。别人一看他，他又会笑着缩回去，好像跟人做游戏一样。

这些坑不要踩

✗ 过度保护

我们不能为了让孩子情绪稳定，就让孩子经常待在家里，比如，不出门见陌生人，不去陌生环境，因为这种过度保护只会让孩子的适应能力越来越弱，胆子越来越小。相反，家长要多创造机会，让孩子多接触外界环境，只是我们要给孩子安全感，循序渐进，帮助孩子度过这个阶段。

✗ 过度勉强

比如有亲戚朋友来家里做客，他们想抱抱孩子，虽然孩子不愿意，但是家长为了面子，强行把孩子交给他们抱。这么做就属于过度勉强孩子，是不可取的。如果经常这样，孩子有了不愉快的社交记忆，会更加不愿意接触陌生人。

◎ **通过夸张的语气和动作传递安全感**

妈妈可以微笑着，很夸张地和朋友打招呼："你好啊！"并介绍怀里的孩子，孩子会清楚地感受到妈妈的情绪和反应，从而判断眼前这个人是友好的、安全的，妈妈跟他很熟悉，这样孩子也会跟着放松下来。

◎ **和陌生人的接触要循序渐进**

对这么小的孩子来说，他虽然感受到了妈妈的情绪，但仍然会心存不安和紧张。你可以先握着孩子的一只小手指递给朋友，让孩子和这位陌生人一点点接触。因为孩子的手还在妈妈的手里，这会让他觉得自己始终处于妈妈的充分保护之下，不会感到紧张。如果他没有表现出抗拒，那么再握着他的手臂把整个小手掌递给朋友……就这样，让孩子一点点地增加与陌生人的接触。

◎ **不要催促，给孩子时间来适应**

假如陌生人缓缓靠近孩子，然后用温柔的语气跟他聊天，孩子一开始会注视陌生人，当他感觉放心时，他会朝陌生人微笑，嘴里咿咿呀呀或轻声咕哝。可能需要经过几次接触，他才能和这个人轻松相处。不要催促孩子，让他按照自己的节奏去认识，随时观察孩子的反应，一旦孩子出现抵触情绪，就抱紧他，让他感觉到你的爱和接纳，这有助于他树立社交的信心。

可以马上做的三件事

- ✔ 带孩子外出，向朋友介绍孩子，通过夸张的语气和动作传递安全感。
- ✔ 带孩子到小朋友多的场所，引导孩子与小朋友多互动、多接触。
- ✔ 和陌生人的接触，要循序渐进。

孩子有安抚物是缺乏安全感吗

你可能遇到的问题

◆ 孩子睡觉的时候非要摸着妈妈的某个身体部位，比如耳朵、头发，不摸就睡不着

◆ 无论去哪儿孩子都要带着自己的小毯子，毯子破了也不让扔

妈妈的耳朵、头发，小毯子，都是孩子的“妈妈替代品”，也就是我们说的安抚物。心理学家温尼科特给安抚物起了一个专属的名字——“过渡性客体”。

孩子需要安抚物是正常现象

当孩子还是小婴儿的时候，他认为自己是无所不能的，就连世界都是自己创造出来的。因为妈妈总是陪在自己身边，随时满足自己的所有需求，当他饿了，正好一个乳房出现在面前，他就会认为这个乳房是他自己创造出来的。

但随着孩子不断成长，他会发现“咦？世界好像不听我的了”，接二连三地遇到各种各样的“挫折与打击”后，加上妈妈也不是时刻陪在自己身边，不能满足自己的所有需求了，孩子的“全能感”被逐渐打破。

温尼科特发现，很多孩子在这个时期喜欢收集一些柔软的东西，比如小毛毯、毛巾、毛绒玩具等；也有的孩子可能会迷恋妈妈的头发、耳垂等。

安抚物的使用能带给孩子安全感，缓解孩子的压力，是孩子正常的心理行为，跟亲子关系的质量没有直接关联。

◎ 安抚物对孩子的意义

温尼科特提出，“过渡性客体”在某一阶段替代了母亲的作用，是儿童心理发展的需要，对儿童成长来说是必需的，有积极作用。换句话说，对孩子来说，安抚物是一个稳定而温暖的存在。孩子的成长过程中会遇到各种各样的压力，比如害怕、难过、焦虑等，安抚物可以帮助孩子缓解情绪。尤其到了新环境，孩子会紧张不安，有安抚物的孩子，安全感会更强一些。现在很多幼儿园也鼓励孩子入园时带安抚物。

这些坑不要踩

✘ 偷偷扔掉孩子的安抚物

很多家长看到孩子的安抚物旧了、脏了或破了，就自作主张直接扔掉，这种做法是不可取的。在没有经过孩子允许的情况下扔掉安抚物，孩子可能会出现情绪不稳定、躁动不安等情况。所以，家长在处理安抚物时一定要征得孩子的同意。

✘ 强制孩子戒掉安抚物

很多父母认为依赖安抚物是一个弱点，会影响孩子的心理成长。当孩子长大以后，家长会想各种办法强制孩子戒掉安抚物。其实，除非安抚物会对孩子身体产生不利影响（如奶嘴影响嘴型），或者已经对孩子的社交造成不利影响，否则家长都不需要干预孩子使用安抚物，更不应该强制孩子戒掉安抚物。

亲密育儿倡导者西尔斯医生关于安抚物有一个精辟的观点，他说：“我见过的安全感最强的孩子们，在他们认知水平达到一定程度前，都有他们内心所依附的物或人。让孩子们拥有他们柔软的朋友吧。别担心，在她出嫁的那天，她不太可能带着它走进婚礼的殿堂。”

解决方案

这个月龄的孩子正在经历分离焦虑带来的压力，如果能有一个安抚物，作为妈妈离开时的替代，对缓解分离焦虑会有很好的作用，尤其是如果孩子表现出依恋妈妈的身体部位，那就可以考虑从现在开始给他引进一个安抚物。

首先，在选择安抚物时要注意以下三点。

1. 选择透气、柔软、安全的小毯子（安抚巾）或毛绒玩具。

2. 选择容易买到的安抚物。如果安抚物品是毛绒玩具，可以再买一个一模一样的，以防丢失，也可以换着清洗，交替给孩子玩。如果是小毯子，也可以考虑购买一条一模一样的，或者将毯子剪成几块，这样可以根据需要更换丢失或破坏的毯子。

3. 安抚物最好不要有附着物，比如塑料眼睛、纽扣装饰物、小蝴蝶结等有脱落可能的东西，以防孩子误食。

其次，在使用上，孩子对安抚物有自己的眼缘。如果是你送给孩子的，可以有一个小小的介绍仪式，告诉孩子："这是你的新朋友，你睡觉的时候可以抱着它，让它陪着你。"然后把它放在孩子身旁。在孩子睡觉的时候，就让孩子抱着它，或者把它放在孩子的枕边。时间长了，孩子就会对它产生感情，把它当作安抚物，睡觉、情绪不好的时候就会想起来。

当然，如果孩子没有安抚物也没有关系，顺其自然就好。

可以马上做的三件事

- ✔ 观察一下，孩子是否有自己选择的安抚物。
- ✔ 如果没有，为孩子引进一个安抚物，帮助孩子缓解分离焦虑。
- ✔ 检查孩子的安抚物，不要有容易掉落的小零件。

孩子抓头发、咬人怎么办

你可能
遇到的问题

- 抱着孩子时，孩子经常抓妈妈的头发
- 孩子冷不丁地在妈妈肩膀上咬一口，还一脸无辜

这个阶段的孩子出现抓头发、咬人的行为和他的身体发育有关，并不是有意攻击。

原因及对策

要解决这一难题，需要先找到孩子抓头发、咬人的原因，根据原因找对策。

◎ 原因一：手部动作发展特点

孩子刚出生时，手是蜷缩起来的。如果有人把手指放进他的手心，他会紧紧地抓住，这是一种与生俱来的反射，叫作抓握反射。随后，孩子慢慢通过练习，学会先放松肌肉，张开手指，再收缩肌肉，主动抓取。但是，1 岁前的孩子手部肌肉发育还不完善，学会了主动抓取，却不会主动松手放下。这个阶段的孩子特别喜欢扔东西，你捡起来，他会再扔出去，这其实是他在练习“抓握—松手”的技能。也因为这样，孩子喜欢抓妈妈的头发，抓着头发时，妈妈想让他松手，他反而会抓得更紧。

对策：

首先，妈妈在抱孩子的时候，最好把头发扎起来，不要让孩子那么容易抓住。

其次，给孩子提供不同材质、不怕摔的玩具，鼓励孩子去抓、去扔，让孩子练习抓握和松手的技能。

妈妈们不用过于焦虑，随着月龄增大，孩子的抓握能力慢慢增强后，抓头发的现象也会减少或消失。

◎ 原因二：吸引妈妈的注意力

孩子抓妈妈的头发可能是想吸引妈妈的注意力。比如，妈妈抱着孩子的时候，还在打电话、刷微信，这时候，孩子就会通过一些方法来表达自己的不满，抓头发就是孩子的一种表达方式。

对策：妈妈在陪孩子的时候，要主动放下手里的事情，全心陪伴，不要等孩子抓头发时再关注孩子。如果经常这样，就会强化孩子的行为，导致他习惯用这种方式吸引你的关注。

◎ 原因三：向妈妈表达他的喜欢

孩子在抓扯妈妈的头发，或者咬妈妈的时候，往往表现得非常开心，甚至还会咿咿呀呀地跟妈妈说话。这种情况下，孩子可能是在向妈妈表达他的喜欢，只是方式用错了。

出现这种行为的原因主要有两个：一是孩子不知道如何表达喜欢是合适的，二是孩子在模仿。有的家长在跟孩子玩游戏时，会宠爱地轻咬孩子的耳朵、脸蛋、屁股，一边咬还一边说："小宝贝，妈妈好喜欢你呀！"孩子最善于模仿，他会模仿妈妈的行为，只是他咬的时候不知道轻重，就把人咬疼了。

如果妈妈被他咬一下后忍不住大叫起来，孩子会觉得很好玩，以为这是一场游戏。他为了看到你的反应，就会更频繁地咬人。

对策：注意不要用轻咬孩子的方式表达对孩子的爱，以免他模仿。

如果孩子咬你，一定要忍住，不要对孩子大叫，以免你的过激反应强化孩子的行为。应该语气和缓但坚定地告诉孩子："别咬妈妈，妈妈疼。"

◎ 原因四：出牙期牙齿不舒服

孩子咬人可能是由于长牙，牙齿不舒服，他们用咬的方式减轻出牙的痛苦，咬什么舒服就会咬得比较频繁。

对策：可以准备一些牙胶或磨牙玩具放在冰箱里冷冻一下，然后让孩子咬这些东西，缓解孩子牙床的不舒服。同时立即明确告诉他，不准咬人。

不管出于什么原因，如果孩子经常抓你的头发或咬你，你已经说了他两次以上，他还是笑嘻嘻的，以为你在跟他玩游戏，这时候可以试试行动限制法。

具体方法是：把孩子抱到房间的另一头，或者抱到另一个房间里，坐下来让他面对你，用力抓住他的肩膀和上臂，限制他的行动。等孩子开始反抗，表现出不高兴后，再继续坚持 15 秒。最后，你可以简短地说一句："现在我们回到原来的地方，我会让你继续玩，但如果你再咬我，我就再这么做。"

如果孩子觉得好玩，望着你笑，你要坚持住，不要也望着他笑。如果孩子两三分钟内没有反抗，说明对他的限制不够，需要等到他反抗。也有的孩子一受到限制就开始哭，这时你一定要忍住，坚持 15 秒。

可以马上做的三件事

- ✔ 给孩子提供不同材质、不怕摔的玩具，允许孩子扔。
- ✔ 如果孩子抓头发或咬你，试试"行动限制法"。
- ✔ 放下手机，主动陪孩子玩玩具。

5

12～14个月的宝宝

孩子情绪化，原来是大脑惹的祸

你可能
遇到的问题

- 孩子一不如意就哭闹、发脾气
- 孩子听不进道理，动不动就发脾气

人的大脑有不同的区域，有不同的功能，指挥着孩子的行动。

认识情绪和大脑的关系

大脑分为上层脑和下层脑。上层脑负责较为高级的功能，比如决策能力、自我认识、情绪的控制、道德和同理心等。它的日常工作就是思考和解决各种难题，还会调节管理孩子的情绪和行为，让孩子知对错、辨是非，能从别人的角度思考问题，理解别人的感受。不过，上层脑要到孩子二十多岁才能发育成熟。所以，1 岁多的孩子还不太会调节情绪和管理行为。

下层脑相当于“后勤部门”，负责人体基本功能，比如呼吸、运动、吃喝拉撒等。还有一些本能反应，比如碰到烫的东西就缩手。下层脑在孩子刚出生时已经十分发达，所以也叫“原始脑”。

此外，大脑又可以分为左脑和右脑。左脑住着的是理智、严谨的科学家，遵守秩序、注重细节，擅长理性思维、逻辑推理和语言能力。但是，左脑在孩子小时候基本不工作，要等孩子过了青春期后才会逐渐掌控大脑。

右脑擅长形象思维、空间思维和艺术创作，更为感性，容易带入情绪。因为右脑的特点，孩子容易被情绪牵着走，说什么都听不进去。

了解孩子大脑的发展规律，我们发现，孩子情绪化是大脑发展的必经阶段。他们并非无理取闹，而是大脑发育的必然结果。

解决方案

◎ 理解孩子，多看孩子的闪光点

了解了孩子大脑发育的特点，在面对孩子无理取闹时，要理解孩子更多是受右脑的控制，无法做到管理和调节自己的情绪，还不会理解别人的感受。而我们已经是一个成年人，上层脑发育成熟，所以不要因为孩子哭闹，就跟孩子情绪对抗。

我们要多看到孩子身上的闪光点。比如，孩子由于受右脑主导，充满想象力，有更多的可能性和更大的潜能。

这些坑不要踩

✗ 认为孩子不听话，故意和自己作对

很多家长认为孩子不听话，不懂事，因此苦恼甚至对孩子大发脾气。殊不知，这是因为孩子上层脑发育不成熟，他没有办法控制自己的情绪和行为，并不是故意和大人作对。如果家长经常冲孩子发脾气，会更加刺激孩子下层脑的情绪按钮，形成恶性循环。

✗ 凡事喜欢跟孩子讲道理

有的家长喜欢跟孩子讲道理，试图用道理让孩子服从。但是因为孩子左脑还未发育成熟，并不能理解这种道理，因此，大人的讲道理模式经常会以失败而告终。家长要改变方式，用孩子擅长的下层脑和右脑思维和孩子沟通交流。

◎ 接纳孩子的情绪，理解他的感受

当孩子闹脾气时，我们要先思考一下，要怎么跟孩子对话。他最需要的是别人认可和接纳他的情绪，理解他的感受，情绪得到释放，才有机会和他理性交谈，给他讲道理。

比如，孩子因为不能看动画片而哭闹，你抱着他，对他说："你还想看动画片是吗？但是我们有约定，一天只能看一集，你还没看够，很难过是吗？"孩子点点头。妈妈再说："真希望明天快点儿到来，这样你就又能看动画片了。"孩子的感受得到理解，坏情绪也就消失了。

可以马上做的三件事

- ✔ 改变"孩子不听话、不懂事"的想法。
- ✔ 想一想孩子有哪些可爱的地方。
- ✔ 当孩子闹情绪的时候，接纳他的情绪。

增强协调性和控制力，孩子更自信

你可能遇到的问题

◆ 对孩子的身体协调性和控制力认识不够

◆ 孩子跑、跳动作不灵活或者动作不协调

在孩子大运动的发展过程中，起到关键作用同时又特别容易被大家忽视的两个因素，就是身体协调性和控制力。

什么是身体协调性和控制力

协调性，简单说就是身体在运动时支配和协调的灵敏性。你也许在生活中见过走路、跳舞、做操同手同脚的人，这就是协调性不好的表现。即便是走路、跑步这些看上去简单的动作也需要调动大脑、四肢，以及视觉、听觉等多种感官互相配合才能完成。这种能力对孩子来说看似简单，但并非与生俱来，而是需要孩子在一次次跌倒又爬起来的过程中获得的。

控制力是控制身体力量的能力。通常成年人可以很好地控制自己的身体力量，但是对孩子来说，要想控制好身体力量并不容易。有的家长说孩子“下手没轻没重”，实际是因为他们控制力量的能力不足。

家长可以为孩子提供尽可能多的运动机会，帮助孩子提升身体协调性和控制力，让身体变得更灵活，从而自信地面对未来的生活和挑战。

这些坑不要踩

✗ 孩子能走会跑就好

很多家长觉得孩子运动量够，身体肌肉力量够，大运动发展就没有问题。殊不知，在大运动发展中，起到关键作用的是孩子的身体协调性和控制力。如果孩子身体协调性和控制力不好，会影响孩子运动能力的发展，并间接影响孩子的心理健康。

✗ 过分呵护孩子

有的家长对孩子的呵护无微不至，生怕孩子摔着、碰着，尤其是家里的老人，他们小心翼翼地看护着孩子，生怕有一点儿闪失。孩子在被过度保护下，不仅缺少运动和锻炼的机会，还会影响身体协调性和控制力的发展。

解决方案

◎ 训练协调性

跨中线练习

“中线”就是身体的中轴线。通常，身体中轴线左边的动作由左手控制，右边的动作由右手控制。而当身体动作需要跨中线时，大脑的左右脑会有更密切的联通和信息交换。跨中线练习这个动作看似简单，但经常练习会让大脑的运转更灵活，身体也会更灵敏和协调。家长可以和孩子玩传球游戏：和孩子并排躺下，爸爸妈妈在两边，孩子在中间，来回传球。孩子用手臂接球再传球时一定会跨过身体的中线。

玩路线游戏

爬行和走是这个阶段孩子的主要运动形式，可以很好地锻炼身体协调性。家长可以设计一条游戏路线，让孩子爬过去或者走过去。路线不用设计得很复杂，可以根据家里情况，在狭窄的空间放一些玩具，引导孩子把玩具捡回来。孩子要完成任务就得调动身体去完成目标。

◎ 训练控制力

多让孩子体验“很费力”和“不费力”

“很费力”和“不费力”是锻炼孩子控制力的有效方式。家长可以让孩子在不同的平面上行走。如果孩子在平地上走得不错了，可以试试让孩子在软垫子上行走；如果平地能走稳，可以牵着他的手试试上坡和下坡；或者让孩子试着撕扯不同材质的纸，比如纸巾一撕就断，而有韧性的包装纸却要花费更大力气才能撕开；孩子平时看的绘本有大有小，重量也不同，试试把绘本夹在胳膊下面、下巴下面或者顶在头上保持一段时间。只有在不同的情境中反复练习，孩子的自控力才会越来越完善。

可以马上做的三件事

- ✔ 玩一次跨中线传球游戏。
- ✔ 为孩子设计一条有挑战的闯关路线。
- ✔ 体验不同材质的撕纸游戏。

怎么说，孩子才能懂且照做

你可能遇到的问题

- 告诉孩子不要做什么，孩子却非要做
- 一件事情说好几遍，孩子就是不会照做

给孩子指令，孩子要理解了才能照做。这是孩子认知和社交发展的一个重大里程碑。

孩子听指令的发展阶段

1 ~ 2 岁，孩子可以理解含有一个步骤的简单指令和要求，例如，你说“举手”的时候，他会把手举起来；你让他把球递给你，他就会把球递给你；你跟他说“不可以”的时候，他会停下正在做的事。当然，过一会儿，他有可能再次做你不让他做的事。

2 ~ 3 岁，孩子能理解含有两个步骤的指示，且这两个指令是相关的，如“把你的袜子拿过来，放在篮子里”或“请把你的积木收起来，放到盒子里”。

3 ~ 4 岁，孩子能理解两个非相关的指令，如“把积木拿过来，把门关上”，这两个指令之间没有自然的逻辑联系。

4 岁后，孩子能理解多个复杂指令，如“把玩具收起来，然后去小便，换上衣服，我们出去玩”。

解决方案

◎ 指令要简单明了、具体，孩子容易理解

从孩子生活经验的情境指令开始，比如孩子刚换下纸尿裤，你可以对孩子说："把纸尿裤扔到垃圾桶里。"或者你回到家时孩子迎接你，你可以对孩子说："把拖鞋给妈妈。"

对 1 岁半之前的孩子发指令时要注意，指令中涉及的物品必须是孩子能看到的。因为此时孩子能找到在他眼前藏的物品。如果不是当着他的面藏的物品，他就不会去找。比如，你说："请把小熊拿过来。"如果他一转头能看到小熊，他就会执行你的指令。如果他环顾四周看不到玩具小熊，他就会对指令无所适从。

此外，指令要具体。比如，你对孩子说"请把玩具收起来"，孩子可能不知道怎么做，但是如果你说"请把积木放到桶里"，这样的指令孩子听到后就很容易理解，也乐于执行。

◎ 说完指令后，要给孩子反应的时间

给孩子的指令要清晰、简洁、统一，给孩子反应的时间。比如，你说"请把纸放到垃圾桶里"，发完指令后，等着孩子做出反应。如果孩子没有反应，第二次指令要和第一次相同。如果等待 5 秒钟后，孩子还是没有反应，把纸放到孩子手里，牵着孩子的小手，说"把纸放到垃圾桶里"，然后和他一起把纸扔到垃圾桶。孩子做完后，不要吝啬你的表扬，亲亲孩子，抱抱孩子，孩子会更有动力。

◎ 给正面的指令，告诉孩子应该做什么

为什么要给孩子正面的指令呢？我们做个小实验，你看一下这两轮指令，最好能跟着一起做。第一轮：不要坐下，不要站着，不要看手机，不要张嘴。第二轮：请站起来，请坐下，请看书，请闭上嘴。听完这两轮指令，你觉得有

什么不同吗？听完第一轮指令，是不是有点儿手足无措，不知道该干什么？而第二轮指令清晰明确，听完就知道自己该做什么，很容易理解。这就是正向指令的作用，对孩子来说也一样，如果你只告诉孩子“不许在墙上画画”“不许往地上扔垃圾”“不许大喊”，孩子听完也会疑惑，那可以怎么做呢？如果你说“在纸上画画”“把垃圾放在垃圾桶里”“小声说话”，孩子就很清楚可以做什么，易于执行。

◎ 根据孩子的理解能力，指令要从简单到复杂

孩子听指令的能力是从简单发展到复杂的，所以，一开始要把一个复杂指令拆分成几个简单指令，比如“把纸捡起来”，等孩子捡起来后，再进行下一步指令，“扔到垃圾桶里”。

2 岁左右，孩子慢慢可以听懂两步指令，这时就不用把指令拆分，直接说：“请把纸捡起来，扔到垃圾桶里。”

当孩子理解指令，你还可以加上方位词增加难度，比如“帮妈妈拿桌子上的牛奶”。如果孩子找不到东西，可以提示他“那块蓝色积木的前边”或者“在椅子下面”。这样不仅可以锻炼孩子的语言理解能力，还能提升孩子的空间智能。

◎ 是给孩子的指令而不是命令，多说“请”和“谢谢”

在给孩子发指令的时候，要说“请”，比如说“请你把纸扔到垃圾桶”或“请把苹果递给妈妈”。当孩子照做了，对孩子说“谢谢”。培养有礼貌的孩子，就要从现在开始。

可以马上做的三件事

- ✔ 孩子换下纸尿裤后，妈妈可以请孩子自己把它扔进垃圾桶。
- ✔ 用拆解指令的方法，和孩子一起收拾玩具。
- ✔ 记录下你最常说的 3 个“不要”指令，替换成正面指令。

如何用手势语和孩子交流

你可能
遇到的问题

- 孩子还不会说话，有什么需求说不出来时，就会哭闹
- 担心使用手势语会导致孩子延迟开口说话

如果孩子经常把你的话当耳旁风，很可能是因为你下达指令的方式超出了他当前的能力发展水平。

使用手势语的好处

婴儿手势语也叫“baby signs”或者“infant signs”，是孩子通过手、手臂和头部动作来表达和沟通的一种方式。很多孩子在开口说话之前，或多或少都会用手势语向我们表达需求，最常见的就是用手指着一样东西，眼睛看着你，表示他想要那个东西。

哈佛大学的研究发现，那些配合动作和手势跟孩子说话的家庭，他们的孩子不仅在上幼儿园前掌握了更多的词汇，而且更早地说出了两个字的词语。

美国儿科协会的研究也指出，18 个月以下的孩子在有情绪时会更频繁地使用手势语，相比不懂手势语的孩子，使用手势语的孩子更容易被安抚。

因此，对语言表达能力还不成熟的孩子，手势语的运用尤其重要。

解决方案

◎ 从基本需求开始，和孩子约定特定的手势

用手势语是为了和孩子交流，帮助孩子表达需求，所以我们可以从孩子的基本需求开始，和孩子约定一些特定的手势，比如饿了可以张开嘴巴，渴了可以仰头。要注意的是，手势语和口头语言不一样，没有统一的规则，所以我们在教孩子时也不必用统一的动作。有些孩子喜欢自己发明动作，或者动作做着做着就变了，我们要顺着孩子的意思。只要约定的手势你和孩子都能理解，达到沟通的目的就可以。

◎ 用手势语的同时加上对应的语言表达

在和孩子沟通时，要一边用手势语一边说话，特别是要强调一些重要的词或概念，这样才能促进孩子口头语言的发展，帮助他更早开口说话。比如，当孩子指着桌上的玩具车看向你时，你要帮忙把他的意思说出来："宝宝是要玩具车吗？"或者一边指着玩具车一边跟他强调："哦，那是玩具车。"

◎ 要坚持反复使用，保持一致

要让手势成为日常沟通的工具，就要坚持使用，重复得越多，孩子记得越牢，用起来也更得心应手。同时，除了爸爸妈妈，其他家人也需要知道和孩子之间约定的手势语，并且学会用。当全家保持一致，坚持使用手势语和孩子沟通时，孩子很快就会熟练掌握这门语言。

可以马上做的三件事

- ✔ 和孩子约定 3 ～ 5 个表达基本需求的手势。
- ✔ 和孩子沟通时，尽量配合动作和手势。
- ✔ 当孩子用手指某样东西看向你时，你要说出他的意思。

如何给孩子选择开放性玩具

你可能
遇到的问题

- 孩子对花很多钱买回来的玩具不感兴趣，反而对空瓶子、纸杯玩得不亦乐乎
- 孩子特别喜欢玩纸巾，一盒纸巾没一会儿就抽完了

无论是空瓶子、易拉罐，还是纸巾、积木、小石块，对孩子来说都属于开放性玩具。

什么是开放性玩具

1971 年，英国建筑师西蒙 · 尼克尔松首次提出“开放性材料”的概念，他把可以用多种方法使用和操作的材料统称为开放性材料。

而那些没有固定玩法，能给孩子的游戏提供无限可能性的开放性材料又被称为开放性玩具。开放性玩具可以是乐高、积木这种花钱买的玩具，也可以是在生活和自然中随处可见的东西，比如树枝、树叶、水果、蔬菜等。

◎ 省钱、常见、易获得

不管是纸巾、易拉罐，还是树枝、石头，开放性玩具大都是一些随手可得，不用特意花钱买的东西。只要留心观察孩子的兴趣，很容易就能找到他们喜欢的东西。用开放性玩具替代传统玩具，不仅能让孩子随时随地玩起来，还能省下不少买玩具的钱。

◎ 探索空间大，拉长孩子兴趣时间

开放性玩具通常比传统玩具更能长时间吸引孩子的兴趣。传统玩具的玩法和功能是有限的，孩子玩过几次后很容易喜新厌旧。但开放性玩具能给孩子提供更大的发挥空间，孩子可以自由、大胆地按照自己的想法，探索不同的玩法，延长兴趣时间。开放性玩具极大地激发了孩子的想象力与创造力，给了他们无限的探索空间。

◎ 带来成就感，促进孩子自我意识的发展

孩子的自我意识开始萌发，他们越来越渴望自主，喜欢自己做选择和决定，但往往因为自身能力有限而受挫。在玩开放性玩具的过程中，孩子能充分体会到自由操控材料、用自己的能力改造环境的感觉，且玩法不存在对错，能够极大减少孩子的挫折感，促进孩子自我意识的发展。

◎ 有利于孩子社会能力的发展

研究发现，那些花更多时间玩开放性玩具的孩子比起玩传统玩具的孩子来说，具有更出色的沟通和协作能力。

传统玩具因为外形、玩法和功能的限定，很难一个玩具满足不同孩子的需求；而开放性材料往往没有年龄、性别和功能的限制，能够让不同年龄、不同性别、不同兴趣的孩子玩到一起。另外，因为开放性玩具比较简单，在构建各种玩法的时候需要孩子发挥想象力，因此更加鼓励孩子之间的沟通和协作，从而支持他们社会能力的发展。

解决方案

◎ 如何挑选

1. 家长收集一些生活材料比如瓶子、纸盒、石头等给孩子当玩具时，要处理干净，保证物品的卫生。

2. 除了卫生问题，选择开放性玩具时还要注意识别安全隐患。避免给孩子尖锐、有棱角或者体积过小、容易吞咽的东西。

3. 如果买现成的玩具，在选购时也要尽量选乐高、积木这种开放性、创造性强的玩具，避开那些功能、玩法过于局限的玩具。

◎ 如何玩

不给孩子限定玩法

在孩子拿到玩具时，很多家长喜欢按自己的思维方式给孩子怎么玩，如果孩子不按自己的想法玩要还可能会中途纠正孩子，这种做法是不可取的。家长不应该限制孩子的玩法，也不应该一味追求结果而忽略了玩的过程。因为这样会抹杀玩具本身的开放性和孩子的创造性。

不要“撒手不管”，适时提供帮助

有些家长认为，开放性玩具就应该完全让孩子自己探索，如果孩子玩一会儿后失去兴趣，那就换一个接着玩，这种想法也是错误的。当孩子对开放性玩具失去兴趣时，通常是因为在玩耍中遇到了困难，这时需要家长提供帮助和指导，为孩子展示更多的玩法和可能性。

举例来说，当孩子面对纸筒却不知如何下手时，家长可以为他做些示范，比如把纸筒放在耳边当作电话，把纸筒排成一列当作隧道等。1 岁多的孩子正处在喜欢模仿的阶段，他会通过不断模仿开启探索的过程，激发想象力和创造力。

可以马上做的三件事

- ✔ 给孩子准备几个一次性空纸杯。家长可以先将纸杯用不同方式摞起来，反复几次后交由孩子操作，引导孩子探索新的玩法。
- ✔ 给孩子准备一套积木，鼓励孩子自由拼搭。
- ✔ 给孩子准备一些家中常见的物品，比如空瓶、碗、勺等，让孩子自己做游戏。

如何让1岁孩子听你的

你可能遇到的问题

- 越不让孩子做的事他越做，做的时候还看着你，你生气他还笑
- 孩子有自己的主意，讲道理又听不懂，不知道怎么让他配合

1岁多的孩子变得“不听话”，喜欢和大人对着干，其实这是孩子独立意识开始萌芽的表现。

孩子为什么“不听话”

首先，他们刚学会走路，能爬会走，可以摆脱家长的帮忙，自己去到想去的地方。这让他们觉得自己是全能的。他们兴奋无比，全身充满活力，想要尝试一切，包括爬上高高的桌子，拿叉子塞进插座，追小猫咪的尾巴。

其次，孩子自我意识开始萌芽，有了自己的喜好，有了自己的想法。但是他不知道哪些事情能做，哪些事情不能做，他也在试探大人的反应。

解决方案

◎ 忽视不好的行为，强化好的行为

很多家长都发现，你越对孩子说不能做，他做得越起劲儿，甚至会一边看着你笑，一边故意把吃饭的勺子扔到地上。这是因为他想得到你的关注，不管

你是望着他笑，还是冲他发脾气，他都会觉得开心，尤其是他有时会故意试探，只要你有反应，对他就是一种鼓励。

所以当孩子有不好的行为，比如，他第一次动垃圾桶，你大叫一声“不许动”，下次他还会去，而且还故意看你的表情，等着你的反应。你大叫，他还会咯咯地笑，以为你在和他做游戏。如果你不给他反馈，他在动的时候，你假装没看见，几次之后，他可能就会觉得无趣。要知道，有时他并不是对做某件事有兴趣，真正激发他兴趣的是你的反应。

不好的行为要忽视，但一旦孩子表现出好的行为，就要大力夸奖，给他正面的强化。比如，孩子坐在餐椅上好好吃饭时，吃完后就可以使劲儿夸他：“宝宝今天吃饭真好，自己拿着小勺子都不用妈妈喂，下次宝宝还自己吃好不好？”宝宝就会很开心，也会强化他自己吃饭的行为。

◎ 换一种方式说“不可以”

当孩子出现不被允许的行为时，你只是跟孩子说“不可以”，孩子会困惑，他不知道可以做什么，所以第一个方法是把“不可以”换成“可以做什么”，给孩子一个可以做的选择。比如，孩子乱扔积木，你说“积木要放在地板上玩”；在墙上乱涂，告诉他“要在纸上画”。再比如，孩子动手打小朋友，把“不可以打人”换成“你想跟小朋友打招呼，那可以握握手”。

第二个方法是用正面积极的词来“预警”。比如，孩子喜欢扔玩具，可以告诉他：“玩具扔到地上会疼，要保护。”下次再看到孩子有想扔东西的样子时，就及时提醒。比如，孩子想伸手打人，提醒孩子时说“友好”。

◎ 允许尝试，在保证安全的前提下让孩子亲身体验

有的孩子不管你怎么说他也不听，这时候你可以允许宝宝通过自己尝试，来亲身体验。比如孩子总是对饮水机或者刚端到饭桌上还冒着热气的饭感兴趣，这时候你告诉他“烫，不能摸”是没有说服力的，最好的办法就是握着他的小手，在确保温度虽然烫但不至于烫伤的前提下，让他去摸一下，感受烫带来的不舒服。一旦他感受到了，这个东西对他的吸引力就没有了，而且他感受

到了烫是不舒服的，以后再告诉他什么东西“烫”的时候，他就不会再去尝试了。

◎ 说“不”要坚定，规矩一旦确定就要坚持

对涉及安全，比如摸电源插座的行为，不需要讲道理，你只要坚定地告诉他“危险，不能碰”就行。简短、明确的指令，配合特殊的语气和表情，往往也会有意想不到的效果。

再比如，不想让宝宝吃饭的时候乱扔碗和食物，你可以严肃地看着他的眼睛说：“碗是吃饭用的，不可以扔。”孩子 7 个多月时就能察言观色，能通过大人说话的语气，表情，看懂大人的情绪，一旦你严肃起来，并用坚定的语气说话，他就会知道你是认真的。

还有一点要注意的是，一旦你说“不”，就要坚定执行，比如他扔碗，你说了“不可以”，却没有确认他是否停下来，你说的“不”也会失效。当你态度明确地阻止但他还故意扔时，应立即采取行动，把碗拿走，“如果你不能好好吃饭，就把碗收走了”，或者把他抱下餐椅结束吃饭。有时孩子会故意挑战父母的“不”，有时是故意激怒大人，就想看大人生气的反应，所以，要情绪平静，不要生气，只要坚定地采取行动就可以了。

这个“坚定”也意味着，一旦规矩确立了，就要一直坚持下去。因为孩子可能会忘，所以我们要一遍又一遍地提醒。而且孩子也会不断挑战你设立的界限、试探你的底线，只有你坚持，他才会确信，妈妈说话算数。一旦他意识到这一点，就不会再去做这件事。

可以马上做的三件事

- ✔ 设置一个正向预警词，比如“保护”，当孩子乱扔玩具时提醒他。
- ✔ 忽视孩子没有危险的不好行为。
- ✔ 把对孩子说的“不可以”转换成“可以做什么”。

6

14 ~ 16 个月的宝宝

孩子好动要改吗

你可能
遇到的问题

- 孩子爬上爬下、走来走去，一会儿也不闲着
- 孩子特别容易受周围环境影响，一点儿动静都能转移他的注意力

如果孩子好动、容易分神或者作息不规律，可能是受他们天生气质的影响。

了解天生气质是重点

每个孩子与生俱来就有属于自己的气质特点。著名心理学家托马斯和切斯把气质划分为9个向度，包括活动量、反应阈、注意力分散度、坚持度、情绪本质、反应强度、节律性、趋避性、适应性。而其中的“活动量”“注意力分散度”和“节律性”3个向度和孩子好动、容易分神、作息不规律有密切的关系。需要注意的是，这些向度的高低只是性格特征不同，并没有好坏之分。

有的孩子好动，有的孩子好静，这和活动量的高低有关；有容易分神的孩子，也有特别专注的孩子，这和注意力分散度的高低有关；有作息特别规律的孩子，也有作息很不规律的孩子，这是节律性高低的差别。

活动量高的孩子看护起来比较费力，但他们的运动能力往往发展得比较好；而注意力分散度高的孩子，看上去总是不太专注，但他们对周围世界的洞察力更加敏感；节律性低的孩子，跟你出去旅行，作息被打乱时，会更快适应。所以，任何性格都有两面性，绝对没有哪种类型的孩子比另一种更好的

这些坑不要踩

✕ 孩子好动就是多动症

孩子喜欢跑来跑去，很少安静下来玩玩具，有的家长就会抱怨：孩子是不是多动症，怎么就停不下来呢？其实，好动是孩子的天性，而多动症是一种注意力缺陷与多动障碍，需要专业机构来判断。家长千万不要随意给孩子贴标签。

✕ 想办法改变孩子

当孩子的表现不符合家长的期待时，很多家长就想改变孩子。孩子太好动，家长就想让孩子变得安静一些；孩子注意力容易分散，家长就想各种方法培养专注力；等等。其实孩子的行为很可能是先天气质所致，并不会轻易改变，我们要接纳，爱他如其所是，而非你所想。

说法。

了解了孩子的天生气质，就可以因材施教。

解决方案

针对高活动量和高注意力分散度的孩子，家长可以怎么做呢？

◎ 高活动量的孩子

首先，在安全的前提下，多带孩子进行一些大运动类的游戏，充分释放他们的精力。

其次，选择更多样的运动形式让孩子尝试。比如，如果孩子走得很好，可以尝试跑一跑，或者走走斜坡、软垫，以此增加挑战，在孩子释放更多能量的同时，还能探索出孩子的运动偏好，为培养孩子未来的兴趣爱好做准备。

最后，找到和孩子气质适配的看护人很重要。孩子精力充沛，可能跑一天也不累，如果妈妈体力和精力不够，要及时寻求其他家庭成员的帮助，因为家长的情绪和状态非常重要。

◎ 注意力分散度比较高的孩子

首先，孩子需要一个相对单纯的环境，比如玩耍的场地不要有太多玩具，家长发出的语言指令要清晰、简洁等，以此帮助孩子尽可能减少干扰因素。

其次，当孩子在专注地做一件事情时，家长千万不要以“我教你”的姿态打扰他，而是应该给孩子自由探索的时间和空间。

最后，对孩子有合理的期待，孩子专注的时间比较短，玩一会儿就转移注意力很正常，不要轻易给孩子贴“专注力不好”的标签。

可以马上做的三件事

- ✔ 了解孩子的气质属于哪个类型。
- ✔ 根据孩子的气质特点，了解孩子适合什么样的养育方式。
- ✔ 放弃改变孩子的想法，接纳孩子本来的样子。

走路有魔力？这是行走敏感期

你可能
遇到的问题

- 孩子走路都走不稳呢，还偏偏哪里不平往哪里走
- 孩子喜欢走台阶，拉着大人的手走上来又走下去，也不觉得累

如果孩子有上述表现，那可能进入了行走敏感期。

什么是行走敏感期

孩子的行走敏感期在 1 ～ 2 岁之间。他们通过自己的努力学会走路，并逐渐掌握平衡、步伐稳健。他们热爱行走，并且喜欢一些特别的地方，比如不平的道路、狭窄的小路，还热衷于来来回回地在台阶上行走，像有一种不可抗拒的冲动驱使孩子去行走。

意大利教育家蒙台梭利强调说：“学会走路对儿童来说是第二次降生，他从一个不能自主的人变成一个主动的人。这番努力是儿童正常发展的主要标志之一，但在这一步之后，他们仍然需要经常的实践。”蒙台梭利有一个形象的比喻，她说学走路的孩子勇敢无畏，就像一个真正的士兵，不管遇到什么困难，他都努力向前冲。

解决方案

◎ 为孩子提供安全的行走环境

在行走敏感期，家长应该满足孩子行走的需求，让孩子尽情地释放腿和脚，尽情地享受行走所带来的乐趣。我们可以给他一个相对开阔、安全的环境，比如在家里，在孩子经常行走的地方，检查是否有尖角或其他突起物，消除可能存在的安全隐患。在户外活动时，给孩子穿长衣长裤，戴上护膝，免得孩子摔倒时磕到膝盖。

还要提醒的是，孩子摔倒时不要大叫，孩子的身体足以应付一般的摔倒。

这些坑不要踩

✗ 孩子自己走太慢了，还是抱着或坐推车吧

很多家长一遇到要走远路的情况，因为担心孩子会累或者觉得孩子走得太慢，就习惯性抱着孩子或用车推着孩子。其实，这个阶段的孩子走几里路都不会觉得累，因为他走路不像成人那样会在心里设定目标，他只是痴迷走路，既没有节奏，也没有目标，周围的景物都可能吸引、鼓舞他继续向前。这时最好的方式是跟在孩子后边，孩子走你就走，孩子停你就停。

✗ 给孩子穿“叫叫鞋”和闪光鞋

很多家长喜欢给孩子穿一踩就响的“叫叫鞋”和闪光鞋。处于行走敏感期的孩子，行走的时候会用腿感受地面和其他物体，“叫叫鞋”和闪光鞋会分散孩子的注意力，干扰孩子的行走体验。另外，“叫叫鞋”的发声设备、闪光鞋的发光设备都装在鞋的后跟处，孩子穿上后为了让脚后跟发出声音或亮光，就会使劲儿地踩脚后跟，或向后跺脚，这些动作会使孩子的重心偏移，对脚后跟冲击力度比较大，影响大脑发育，甚至改变走路姿势。

但是大人的过激反应可能会吓到孩子，导致孩子对走路产生恐惧。所以，如果孩子摔倒了，平静地鼓励孩子自己站起来，孩子会走得越来越稳。

◎ 满足孩子的行走需求

孩子喜欢哪里不平往哪里走，哪里脏往哪里走，但是成人走路是以追求效率为前提的，大多会挑选那些近的、平坦的道路，所以不能理解和忍受孩子的行为。但是，对行走敏感期的孩子来说，越是高低不平、充满障碍的道路，越能激发他行走探索的欲望。所以在安全的前提下我们应尽可能满足孩子的行走需求。

如果孩子喜欢走带有坡度的道路，喜欢上坡和下坡，不要阻止他，陪着他走就行。同时还可以有意地带孩子走一走不同的道路，如沙滩、小土堆、草地、柏油路以及青石板街道之类的，这样孩子能感受到不一样的道路环境，满足孩子行走敏感期的需求。

◎ 为孩子选择合适的学步鞋

给孩子选择合适的学步鞋非常重要，有两点需要注意。一是要注意鞋底的前 1/3 易弯曲而后 2/3 稍硬不易弯折，这样才与行走时脚的弯折部位相符。有些童鞋的弯折部位在鞋中部——脚的腰窝处，这样容易伤害孩子娇弱的足弓。二是学步鞋的鞋底不能太软，否则支撑力不足，不能起到支撑脚掌的作用。

另外，如果温度合适，可以允许孩子光脚走路。因为光着脚可以让孩子的脚底更好地抓住地面，能更好地掌握平衡，这样学走路可以学得更好、更快。

可以马上做的三件事

- ✔ 检查孩子的学步鞋是否合适。
- ✔ 满足孩子走路的需求，陪孩子走走坡路，上下台阶。
- ✔ 如果孩子想让你抱，那就抱抱他。

做事三分钟热度，是专注力不够吗

你可能
遇到的问题

◆ 孩子玩玩具没两分钟就不玩了

◆ 给孩子讲故事，孩子听一半儿就跑了

即使出现这样的问题，也不能说明孩子的专注力有问题。

了解专注力的特点

专注力（Attentional control）指能够专心而持续地进行活动，忽略外在干扰的能力。换句话说，专注力就像一扇门，它能够把干扰信息挡在门外，然后让我们需要的信息进入大脑，然后进行观察、记忆、理解、推理等思维活动。

专注力的发展主要依赖大脑前额叶皮层的成熟。一般来说，要到 25 岁才能成熟。所以，专注力与年龄有关，成年人的持续专注力可达 40 分钟左右。而孩子的大脑没有发育成熟，年龄越小，专注时间越短。

解决方案

◎ 给孩子设置一个安静的环境

要想让孩子专注，就需要给他设置一个安静的环境，不仅听觉上是安静的，视觉上也需要安静。听觉的安静很好理解，就是在陪孩子看书、玩玩具的

这些坑不要踩

✗ “三分钟热度”就是不专注

孩子玩玩具时，只玩了两三分钟就跑了，有家长就认为孩子做事是三分钟热度，专注力不够。其实，孩子的大脑和神经系统还没有发育成熟，能专注地做一件事情的时间非常有限。有研究表明，在良好的教育环境下，8 ～ 15 个月的孩子专注力在 1 分钟以内，16 ～ 19 个月达 2 ～ 3 分钟，2 岁的时候达 3 ～ 6 分钟，也就是孩子能专注的时间是年龄的 2 ～ 3 倍。所以，对 1 岁多的孩子来说，专注时间短，容易受外界影响，是正常的。家长不要苛求孩子长时间专注地做一件事。对他来说，那是不可能完成的任务。

✗ 要保护专注力，家长只看不说话

有一个实验，研究人员把家长分成四组，对应不同的行为。第一组家长，在宝宝玩耍时只在旁边默默看着；第二组家长，在宝宝玩耍时会看着并且触摸玩具；第三组家长，在宝宝玩耍时会看着宝宝并且和宝宝说话；第四组家长，在宝宝玩耍时又看又摸又说话。研究发现，第四种情况，也就是家长的参与最投入，孩子的持续专注时间最长。所以，并不是默默地看孩子玩耍就能让孩子更专注，而是在孩子需要你帮助的时候参与进来，认真陪孩子玩耍。

时候不要看电视或者刷短视频。视觉上的安静就是整洁有序的环境。在安静的环境里，孩子的听觉注意和视觉注意都不容易分散，自然会更专注。

◎ 孩子专注做事时不要随便打扰

有的家长会在孩子玩玩具的时候，一会儿过来喂点水，一会儿过来喂点水果，或者孩子自己玩的时候指手画脚，比如“这块积木应该放这”“房子应该这样画”，等等。这种不管孩子需求的肆意打断或者指导，对孩子来说，就是一场专注力的灾难。家长要学会做一个观察者，孩子专注做事时不要随便打扰。

当孩子需要你的时候要及时回应。比如，孩子玩玩具遇到困难，眉头紧锁，或者把目光投向你的时候，又或者表现得有点儿急躁，家长就要全情投入。

◎ **玩具不要一次性给太多**

如果孩子面前的玩具太多，可能就会拿起这个玩两下扔掉，再拿起那个看看扔掉，无法专注。最好把孩子不经常玩的玩具收起来，把经常玩的摆放在玩具架上，孩子每次选一样玩具，玩完放回去后再选择下一个。当同一时间里没有那么多的新鲜刺激，他自然就能集中注意力了。

可以马上做的三件事

- ✔ 整理孩子的玩具，把不经常玩的玩具收起来。
- ✔ 孩子专注于游戏中时，管住自己的行为，不打扰。
- ✔ 孩子需要帮助时，全情陪伴。

边玩边说，轻松提高空间认知

你可能遇到的问题

- 玩图形配对玩具，洞口明明是圆形的，孩子却拿着三角形积木塞
- 告诉孩子玩具在盒子里，孩子听不懂，不知道去哪里找

这并不是因为孩子粗心，不会观察，可能是他的空间认知能力没有发展好。

空间认知能力很重要

这一阶段，孩子的空间认知能力主要表现为对物体的形状、大小、远近、方位等空间特性获得感知的能力。

著名教育心理学家霍华德·加德纳认为，空间智能是人们学习生活的基本能力，更是人们进行艺术、科学、数学和文化活动不可或缺的能力。

如果这种能力没有发展好，会影响孩子的生活和未来的学业，比如总是穿反鞋，写拼音左右颠倒；再大一些，方向感差，遇到几何题就犯愁。

解决方案

◎ 多玩建构类玩具

建构类玩具，比如积木、橡皮泥、磁力片等，能让孩子把大脑里的想法搭建、构造出来。在 2016 年的一项脑成像对照实验中，研究人员让一组孩子在

12 天之内玩 5 次建构类玩具，每次 30 分钟；另一组孩子则玩其他类型的玩具。从形成的大脑图像看，玩建构类玩具的孩子大脑中负责记录空间关系的顶叶区更加活跃。著名科学家的研究也表明，对建造和复杂结构感兴趣的孩子，在空间能力测试中的表现更出色。因此，要鼓励孩子多玩建构类玩具。

◎ 巧用游戏互动

我们还可以通过游戏让孩子体验身体与空间的关系。比如，用家里的椅子、靠垫等随意设计出一条路线，在终点放上孩子喜欢的玩具，用声音和动作，引导孩子绕过“小山”，钻过“山洞”。这样，孩子不但锻炼了钻、绕、爬等肢体功能，还发展了空间认知能力。

◎ 多说空间词汇

空间特性需要用空间词汇表达，孩子接收到的空间词汇越丰富，他就越容易关注与空间相关的信息。在一项实验中，研究人员给一组孩子听含有空间词汇的句子，比如“我把卡片放在中间的架子里”；给另一组孩子听不含空间词汇的句子，比如“我把卡片放在这里”。然后给他们做空间认知测试。结果显示，听到更多空间词汇的孩子，空间认知分数更高，更关注周围的空间位置信息，对空间的理解也更深。

在日常生活中，我们可以有意识地多说一些空间词汇，比如问孩子：“能不能帮我把桌子上的纸巾拿过来？”

孩子听到这些空间词汇，结合实际情境，就能对三维空间里的方位产生更深的感受，也能更好地理解和认知空间。

可以马上做的三件事

- ✔ 和孩子玩“钻山洞”游戏。
- ✔ 给孩子提供建构类玩具，比如磁力片、积木等。
- ✔ 和孩子聊天时，有意识地使用空间词汇。

避开感统失调有妙招

你可能遇到的问题

- 孩子注意力不集中，是不是感统失调
- 孩子走路老摔跤是感统失调吗

现如今，越来越多的父母知道“感统失调”这个词，好像孩子所有的问题都跟它有关。那到底是不是这样，我们又该怎么做呢？

认识“感统”

“感统”，就是感觉统合，简单来说，就是大脑把感觉和身体动作统一起来的过程。以上楼梯为例：首先，眼睛会看到楼梯台阶；然后，这个信息传递到大脑，大脑再快速进行分析，判断出台阶有多高，应该迈多大步子才能顺利地登上去；最后，大脑把加工的信息反馈给脚，控制脚迈步登上台阶。

如果这时候身后又传来别人上楼的脚步声，听觉系统就会给大脑传递“有人来了”的信息，大脑经过分析和判断后，指挥身体做出反应，让我们靠边走，让出通道。这个过程需要我们视动统合（视觉与动作相互配合）、听动统合（用动作对听到的声音迅速做出反应）、身体的各部位协调运作等。

虽然听上去很复杂，但实际上这一切是在瞬间发生的，还没等我们意识到，就已经完成了。所以，平时我们不容易发现感觉统合的重要性。不过，感觉统合出现问题，是可以从一些行为特征上看出来的，我们称之为“感统失调”。

揭秘感统失调

感统失调指感觉系统之间或者感觉系统和运动系统之间信息组织和协调不好，可能会导致孩子对某些刺激不敏感、没反应，或者过分敏感。

造成感统失调的原因很复杂，有生物学因素，比如遗传造成的中枢神经系统不健全、妊娠期胎位不正引起的固有平衡失调等；有自然环境因素，比如大环境污染；还有教育因素，主要体现在接触不够、运动不够、体验不够三个方面，这也是所有因素里最容易被改变的。

0 ～ 3 岁是感统形成的关键期，如果给孩子足够的接触和锻炼，就可以避免出现感统失调。反之，如果锻炼不足，那么感统失调的一些行为特征就会在孩子 3 岁后表现出来，到时再去调整，不但费时费力，还会影响孩子的生活和学习。

这些坑不要踩

✗ 运动不够

运动系统和感觉系统的发展息息相关。如果孩子经常被抱着，或者家长限制孩子跑跳，那么孩子的肌肉和骨骼得不到充分发展，对动作到底是怎么完成的也很陌生。平衡感要在一次次失去平衡的机会下慢慢习得，只有先站不稳，控制平衡的前庭觉才能发挥调节平衡的作用。如果家长过度呵护，孩子就会失去掌握平衡感和学习如何控制身体的机会。

✗ 体验不够

有的家长习惯替孩子做好一切，有的家长觉得大人做事比让孩子动手更高效、省事，因此包办了孩子的一切。这种事事包办的育儿方式会让孩子失去自己动手体验的机会，也剥夺了孩子练习感觉统合的机会。

解决方案

◎ 适当宽松的养育方式

如果孩子每天接触的环境、物品和人都是经过家长严格筛选并控制的，那无形之中孩子就错失了很多接触世界、自由探索的机会，该体验的时候错过了，年龄稍微大一些再去体验就很难适应。所以，我们提倡在安全的前提下，给孩子提供一个相对宽松的探索环境，没有必要孩子手一脏就大惊小怪，让他赶紧洗掉，也不需要孩子一摔倒就限制他活动。

◎ 花样百出的游戏方式

多样的游戏方式使得孩子不仅可以看、听、闻、触摸，还可以爬、走、转圈、左摇右摆，从而刺激多种感觉，这里都包含了感觉统合的过程。如果孩子被过度保护，运动少，孩子就没有机会练习感觉统合，像齿轮久不磨合，运转起来没那么顺利。因此，我们和孩子玩游戏时，要给孩子充分的运动机会，方式尽量多样。

◎ 亲密、愉快的互动方式

早期亲子之间的亲密接触，比如拥抱、拉手，可以帮孩子建立充足的安全感，他才有可能主动尝试并挑战各种游戏，为日后的各项发展打下基础。

可以马上做的三件事

- ✔ 带孩子玩沙子。
- ✔ 鼓励孩子自己吃饭。
- ✔ 和孩子一起做亲子游戏：抱着孩子，把他“变成”小飞机，在家里到处转圈“飞”。

去超市购物也是早教之旅

你可能
遇到的问题

- 逛超市的时候，孩子总是在货架间乱跑
- 在超市里，孩子想买这买那

你带孩子逛超市或者商场的时候，会和孩子进行怎样的对话？你会把购物过程当成孩子的一个学习机会吗？

生活即教育

著名教育家陶行知先生说："生活即教育。"如果你能仔细观察就不难发现，生活中自然融合了健康、语言、科学、社会等多个领域的内容。只要你足够用心，孩子在超市购物中就能学到很多知识。

解决方案

让购物过程成为孩子的学习之旅，最重要的有两个方面：一是购物过程中的规则教育，二是购物过程中的认知教育。

◎ 购物过程中的规则教育

在购物的时候要遵守的规则，可以自然而然地教给孩子。

比如，为了避免孩子养成看到什么就买什么的习惯，同时从小培养孩子的自主性，我们可以和孩子约定一个规则，在一个区域内，比如水果区、蔬菜区、酸奶区等，请孩子自己选 1 ～ 2 样喜欢吃的东西。针对那些不喜欢吃蔬菜的孩子，不妨尝试让他挑选蔬菜。在做菜的时候不断强调是他自己选的，这样他会更愿意接受。

再比如，孩子买了自己喜欢吃的东西，比如酸奶、奶酪、水果等，可能一拿到就迫不及待地想吃。这时候就要告诉孩子购物的规则是付了钱才能吃，这还可以让孩子学会等待。当然，孩子的耐心有限，开始的时候，最好不要让孩子等太久。

◎ 购物过程中的认知教育

和孩子分享你看到的，丰富孩子的生活经验。这个年龄的孩子对周围的世界有着浓厚的兴趣。站在货架前，你可以告诉孩子货架上都有什么东西，妈妈喜欢吃什么，那个工具是干什么用的，那套餐具是什么材质的。让孩子看看超市都有哪些人，看看收银员是怎么结账的，听听超市里播放的音乐，等等，这些对孩子来说都是丰富的感官刺激，是孩子不会每天都经历的。

◎ 实物认知，语言启蒙

带孩子去超市的水果区和蔬菜区认识水果和蔬菜，比如橘子、苹果、西瓜、香蕉、白菜、黄瓜、辣椒等，告诉他“这是橘子”“这是红红的苹果”，还可以拿起来让孩子闻一闻、摸一摸，这可比在图片上认水果和蔬菜的效果好得多。

教孩子认识同一种水果的不同品种，比如，让孩子观察两种不同的苹果，“这个苹果是红的，那个是绿的”“这个苹果大，那个苹果小”。再比如，让孩子观察苹果和菠萝，“苹果摸着很光滑，菠萝摸起来很粗糙”。这样的描述可以帮助孩子学习大小的概念，认知颜色，让他的感官感受和词汇对应起来，这就是语言启蒙。

◎ **培养观察力和听指令的能力**

在孩子熟悉的区域，还可以让孩子帮忙找我们需要的东西，比如在水果区，问问他："妈妈要买橙子，哪个是橙子呢？"看看他是否能找到。如果孩子找到了，再鼓励他说出这个水果的名称，请他帮忙把挑选好的食物放进推车里。这个阶段的孩子正是学习物体名称的时候，用这个方式可以帮助孩子加深印象，在一堆水果中找到对应的物品，还可以锻炼孩子的观察能力和听指令的能力。

◎ **购物中的人际交往和财商启蒙**

购物结束结账的时候，可以引导孩子和收银员阿姨说"谢谢"，这是孩子学习礼貌用语的好时机。现在结账都用手机支付，孩子看不到找钱的过程，也可以借此简单告诉孩子，这是一种新的支付方式。

◎ **购物的经验可以扩充角色扮演的素材**

这个阶段的孩子很喜欢模仿，他看到的、听到的，都会成为模仿的素材。回到家，可以通过创造一些情景，帮助孩子回忆他在超市里的经历。给他大小不同的盒子、积木、纸袋、空的食品容器和塑料牛奶罐，和他一起玩去超市购物的游戏，这不仅可以锻炼孩子的语言表达能力，还可以增强孩子的记忆力，丰富认知体验。

可以马上做的三件事

- ✔ 带孩子逛一次超市，提前约定可以给孩子买的东西。
- ✔ 请孩子帮你找到要买的物品。
- ✔ 和孩子玩去超市购物的游戏。

7

16～18个月的宝宝

好奇心是学习的自我驱动力

你可能
遇到的问题

- 孩子特别喜欢捡东西，比如小石头、瓶盖等
- 看到什么都好奇，都要摸一摸、看一看

一个孩子成长、学习的根本动机是好奇心。大量的研究表明，好奇心是预测一个人学业成就最准确的因素之一。

好奇心对学习的重要性

伦敦大学的一项研究指出，好奇心可能是影响个人成就最重要的因素，因为它将智力、坚持和对新事物的渴望合而为一。

好奇心并不是培养出来的，它是每个孩子与生俱来的特质，需要家长去保护甚至激发。

好奇心的表现

一个孩子的好奇心通常表现为一些让家长很头疼的行为，比如以下几种情况。

1. 叛逆。曾经乖巧的孩子会在 1 岁多突然变得叛逆，不管家长说什么，他都喜欢说“不”，让他别碰的东西，他偏要伸手去摸摸，还特意转过头来看看你，像是在挑衅你。这些看似叛逆的行为恰恰说明孩子的自我意识开始萌芽，孩子意识到自己是一个独立个体，开始对别人的想法感兴趣。

2. 破坏。孩子喜欢到处翻东西，把家弄得又脏又乱，新买的玩具也被拆得七零八落。孩子这种看似破坏的行为，正是受好奇心驱使，对感兴趣的事物一探究竟。

3. 收集。一块石头、一片树叶、一个废弃的易拉罐环儿，被孩子当成宝贝捡回来，甚至还会兴冲冲地和你分享他发现的“新玩具”。这种收集行为是1岁多孩子好奇心的典型表现，因为孩子进入细微事物敏感期，喜欢近距离细致地观察事物，对细节特别在意。

解决方案

理解、接纳是保护孩子好奇心最好的方法，家长可以这样做：

1. 尽可能尊重孩子的选择。在保障安全的前提下，接纳他的叛逆，尊重他的决定和选择，千万别陷入“你到底听不听话”的权力之争中。

2. 允许孩子探索新鲜事物。有的家长特别爱整洁，为了防止孩子到处乱翻，会把家里所有抽屉、柜子都装上儿童锁；甚至还会因为怕孩子玩坏玩具，把玩具锁在柜子里，每次给孩子玩儿一下赶紧收起来。这样做的结果是孩子的确没有机会搞破坏了，但是好奇心也无法得到满足。

3. 允许孩子收集。除非孩子所捡的像废弃的口罩、电池、碎玻璃片等危险的东西，否则一般情况下不要阻止孩子收集他喜欢的物品。如果实在担心，过不了心理关，就拿塑料袋装上或者用纸包上，拿回家洗干净后再给孩子。

可以马上做的三件事

- ✔ 观察孩子好奇心的表现，在保障安全的前提下，允许孩子探索。
- ✔ 出门的时候允许孩子捡石子、树叶等。
- ✔ 观察孩子感兴趣的活动，并且参与进来。

孩子说“我不会”时家长如何帮

你可能遇到的问题

- 孩子玩玩具时，一遇到困难就寻求帮忙。家长帮忙，怕孩子形成依赖；不帮，又做不到
- 孩子求助时，家长不知道如何提供合适的方法

孩子遇到困难很正常，但家长如何帮忙才是问题的关键。

为孩子提供合适的“脚手架”

“脚手架”原本指盖房子时搭建的架子，当房屋盖好，脚手架就会被拆除。引申到教育领域，“脚手架”指的是在孩子学习新知识、新技能时，大人能给他们提供一定的支持和指导，但并不是直接告诉他们答案，更像是在关键时刻推他们一把，当孩子顺利上手后，这种指导就要及时撤出。

“脚手架”的教育方法源于苏联心理学家维果茨基提出的“最近发展区”理论。所谓最近发展区，就是孩子现有能力和在成人指导下能达到的能力之间的区域。孩子在最近发展区可以达到的学习效果最好。如果孩子总是停留在现有能力范围内，只是对已经掌握的技能的简单重复，没有挑战，那他就处在“舒适区”。但如果新知识、新技能太难，孩子总是做不到，感到焦虑和挫败，那孩子就处在“沮丧区”。孩子总在“舒适区”待着，就不会有进步；如果总处于“沮丧区”，可能就会直接放弃。最理想的状态是介于舒适区和沮丧区之间的“最近发展区”，让他有适当的挑战，跳一跳就能够到目标。而脚手架，就是在这之间搭建一座桥梁，让孩子从“我知道什么”进步到“我还能知道什么”。

解决方案

陪孩子玩时，家长可以使用“脚手架”的方法。

◎ 用孩子容易模仿的方法演示操作过程

当家长做出容易让孩子模仿的动作，孩子很容易尝试模仿。这就是在孩子现有能力的基础上，扩展新技能。比如，孩子每次搭积木，都是简单搭高。这时，家长可以在他旁边拿两块积木放好，再在上面放一块长积木，然后拿一个积木玩偶，演示说：“我搭了一座桥，你要过桥吗？”当孩子的注意力被吸引过来，家长可以把搭桥的过程拆解，演示说：“先找两块大小一样的积木，这样放好，中间放一块长积木，桥搭好了，再拿着玩偶走上桥，走下桥。”孩子

这些坑不要踩

✘ 孩子一遇到困难就忍不住上手帮忙

有的家长一看见孩子遇到问题和困难就忍不住用“我教你”的姿态想要帮忙。殊不知，这种做法会让孩子待在“舒适区”，难以进步，还失去了独立思考、做事的机会。

✘ 即使孩子求助也坚持让孩子自己做

有的家长认为，要锻炼、培养孩子自己做事的能力，就要在孩子遇到问题时，让孩子自己解决。孩子如果多次尝试还是无法做到时，就会由于挫败感而失去坚持的耐心。长期如此，会打击孩子探索的积极性，不利于孩子学习的进步和发展。

喜欢模仿，他看完后，自己也会尝试，这就是基于他现有的能力进行了扩展，让他掌握新的技能。

◎ 给建议而不是指令

这个阶段的孩子很喜欢自己做，但是遇到挫折又很容易沮丧，说放弃就放弃。及时给出提示和建议，就是我们在帮他“搭脚手架”。还是拿搭积木举例，孩子搭高时，往往不分积木大小一味摞高，这样很容易倒。这时候，你可以带着孩子观察一下：“你看，你刚才搭高时，最下面的积木是大的还是小的？嗯，这块积木太小了，你试试把大的积木放在下面，再往上搭。”孩子试了以后，发现大的在下、小的在上，能搭得更高，那他就有了经验，以后再搭的时候就知道把大积木放在下面。

◎ 给孩子的进步提供反馈

当孩子完成一项任务时，一定不要吝啬我们的表扬。但是，要注意，我们不要夸孩子“你真聪明”“你真棒”，而是要称赞他们处理问题时所做的努力，比如，“我看到你试了好多种方法，然后发现下面多一些积木会更稳，搭得也更高，真是太棒了”！这种具体的正面反馈可以强化孩子总结好的经验，并在下一次遇到困难时更乐于尝试，有利于培养他们的成长型思维。

可以马上做的三件事

- ✔ 当孩子玩玩具的时候，给他演示一个新玩法。
- ✔ 当孩子遇到困难时，不直接上手帮他，而是用语言给他提供建议。
- ✔ 给孩子及时、正面的反馈。

如何给 1 岁孩子立规矩

你可能
遇到的问题

- 说了危险的东西不能碰，孩子非要碰
- 告诉孩子玩具不能扔，他却拿起来就朝地上扔，还冲你笑

面对孩子“不听话”的种种表现，家长要给他立规矩。

给孩子立好规矩是关键

规则并不是爱的反面。美国儿童心理学家塞尔玛·佛雷伯格说：“一个不被管教的孩子是一个感觉自己不被爱的孩子。父母对于规则的建立和坚持，能够引导孩子感受边界，获得安全感。”

这个阶段是孩子的叛逆期，也是给孩子立规矩的关键期。叛逆可以，有相反意见也可以，但是像“插座不能碰”“吃饭要坐好”这样的规矩必须遵守。作为父母，引导孩子，帮助他们明确规则和边界，这就是我们的责任。

不过，给孩子立规矩本身就不是一件轻松快乐的事儿。因为孩子会抗拒、会哭闹，也会反复地破坏约定。这种情况虽然令人沮丧，但它是正常的。孩子在反复探索和被拒绝的过程中，会渐渐明白他人的感受，懂得什么叫作边界。

解决方案

◎ 指令或规则清晰、简单

如果孩子正在做的事情有危险，必须立刻制止孩子，直接告诉他“电插座危险，不可以碰”，然后把他抱走。

平时对孩子发指令时避免使用“不要”，多采用正面的词语，比如，吃饭时要坐好，外出时要牵手，吃饭前要洗手……规则简洁有力，往往比反复的指责或者抱怨更有效。

◎ 强化好的行为，“刻意忽视”不好的行为

当孩子表现出好的行为时，我们要给予强化，除了口头表扬，还可以通过一些动作来表达对孩子的赞赏，比如，看着孩子微笑、轻抚孩子、拥抱、亲

这些坑不要踩

✖ 希望速战速决控制孩子

很多家长总是给孩子下命令，试图控制孩子，比如，“不许哭！再哭妈妈就不要你了！”“你再这样我就要发脾气了！”一开始孩子可能会因为忌惮你的权威或者失去你的爱而屈服，但是时间一长，这个方法可能就不管用了。另外，这也有可能让孩子形成“你说什么就是什么”的想法。

✖ 容易和孩子较劲儿

有的家长，孩子一不听话就动怒、较劲儿，一副不驯服孩子誓不罢休的样子。最终结果通常是孩子放声大哭，家长面红耳赤。殊不知，这个时候你们就陷入了家庭的权力之争，你在意的并不是孩子有没有规矩，而是要证明在这个家里是你说了算。

吻、对他拍手掌、竖拇指夸赞他。

面对孩子某些不恰当的行为，如果没有危险，可以选择忽视，不做任何反应，但是也不要离开孩子。起初，孩子可能会因为大人的忽视而变本加厉，但只要坚持下去，孩子会明白这些行为不会得到家长的注意，他自然就会放弃。如果孩子停止不恰当行为，我们可以立刻给他反馈，让他知道哪些行为是好的，哪些行为是不好的。

◎ 坚定、冷静地说“不可以”

如果孩子不遵守规则，父母要保持冷静，并且用坚定的表情，配合手势跟他说“不可以”。比如，孩子往地上扔玩具，用坚定的语气告诉孩子“不可以”，观察孩子的反应。

如果他遵守规则，就给他正面的反馈，然后跟他玩游戏；如果他仍然不遵守，那么再说一遍“玩具是用来玩的，如果再扔，就收走了”；如果孩子继续扔，那就要说到做到，把玩具收走，除非孩子改变行为。

可以马上做的三件事

- ✔ 练习使用正面的语言，让孩子知道可以做什么。
- ✔ 练习心平气和地对孩子说“不可以”。
- ✔ 当孩子出现不恰当的行为，试试“忽视法”。

孩子进入细小事物敏感期，如何应对

你可能
遇到的问题

- 孩子在路上走着走着，突然停下来，低头看一只小蚂蚁
- 指着书里的人物让孩子看，他关注的却是画面上的一个小黑点

如果孩子有这样的表现，可能意味着他的细小事物敏感期悄悄到来了。

什么是细小事物敏感期

意大利教育家蒙台梭利发现，儿童在 1 岁之后进入关注细小事物的敏感期，能一直持续到 4 岁。处于这个时期的孩子，眼睛仿佛是显微镜，能发现很多细小的东西，比如空气中飘浮的灰尘、地上的小纸屑、草里藏着的小虫子、绘本中同一人物在不同页面上的差别，等等。

此时，如果爸爸妈妈能理解孩子，不阻止他关注细小的事物，在保证安全的前提下，给他一定的自由和探索时间，会让孩子的观察力得到提升，养成细心的好习惯。同时，对孩子来说，捏取细小的事物，也是对手指精细动作的锻炼。反之，如果爸爸妈妈不理解孩子的行为，强行阻止，或者错过敏感期内对孩子细微事物观察力的培养，打消孩子探索细微事物奥秘的积极性，孩子长大后就可能变得粗心，对周围很多显而易见的事物都视而不见。

这些坑不要踩

✕ 打断孩子的观察和探索

当孩子被细小事物吸引时，他会全神贯注地观察或操作，可能拿起东西左看右看，沉浸其中，长时间保持忘我的状态。有些家长不了解这一敏感期，经常会打断孩子。比如，在孩子捡拾小石子、小豆子时，家长以不讲卫生为由呵斥孩子扔掉；在孩子驻足观察小蚂蚁、小蜗牛时，家长不由分说拉着他就走。这种行为会对孩子的专注力造成破坏。

✕ 强行引导孩子观察

有家长因为孩子喜欢细小事物，就找来各种各样的小东西，像解说员一样引导孩子观察。这种方法也是不妥的，本质上是在强制性地培养孩子的观察能力，这样不一定能激发孩子的兴趣，反而会引起他的叛逆心理。

✕ 破坏孩子的“成果”

处于细小事物敏感期的孩子喜欢收集各种小东西，比如叶子、花瓣、石头、羽毛、瓶盖等。有些家长会觉得脏，或者不当回事，把孩子的心爱之物扔掉。其实，你扔掉的不只是孩子捡来的小东西，还有孩子对你的信任。

解决方案

◎ 满足孩子的探索欲望

在孩子认真研究细小事物的过程中，我们要做的是满足他，给他足够的时间去观察和思考，不要轻易打断他。可以陪他一起观察，在观察的过程中，适当地给孩子讲一些小知识，比如蜘蛛有几条腿，蚂蚁用触角传递信息，等等。这样既培养了孩子的观察力和专注度，又增长了见识，一举多得。

◎ 尊重孩子自己的观察兴趣

一般来说，孩子都是先对某个细小事物产生兴趣，才会积极地探索。蒙台梭利提出，儿童这个真正的观察者是根据一种内在冲动，以某一种感觉或特殊的兴趣，来挑选关注对象的。所以，我们要尊重孩子自己的兴趣，孩子喜欢观察什么，让他自己做选择。

◎ 允许并善待孩子的收集成果

孩子在收集细微东西的时候，会做出抓、握、捏、拍、拧、抠等动作，这就锻炼了孩子手部的精细动作。蒙台梭利说："如果孩子的精细动作在细小事物敏感期没有得到充分地开发、练习，孩子将来很难成为优秀的钢琴家、小提琴家、外科医生等。"

所以，我们要支持孩子的行为，同时，如果你能善待他收集回来的宝贝，对孩子来说，也是一件快乐的事。比如，把他捡回来的石头、瓶盖清洗、晾晒干净，再给他准备一个大盒子，让他心爱的宝贝有一个"家"。或者和孩子一起用叶子、花瓣做一张拼贴画，塑封起来，就成了一幅独一无二的作品。

◎ 安全放首位

在满足孩子对细小事物关注的同时，我们也要警惕小物品的危险性，比如，不要让孩子接触烟头、图钉、药丸等物品，以免发生危险。

蒙台梭利说："儿童对细小事物的观察与热爱，是对已无暇顾及环境的成人的一种弥补。"而我们能做的就是给孩子提供一个安全的观察环境和机会。

可以马上做的三件事

- ✔ 在孩子观察时，给他讲一些相关的小知识。
- ✔ 准备一个大盒子，专门用来装孩子收集的小东西。
- ✔ 和孩子一起用他收集的叶子、花瓣等做拼贴画。

象征性游戏怎么玩

你可能
遇到的问题

- 孩子抱着玩具熊，哄玩具熊睡觉
- 孩子喜欢玩做饭游戏，你觉得很幼稚，不知道怎么陪玩

上面说到的这类游戏就是我们常说的“过家家”，它还有一个学名，叫象征性游戏，也叫假装游戏。

什么是象征性游戏

象征性游戏会始终伴随孩子的成长，游戏的内容和形式也会随着孩子的成长变得越来越复杂。

一开始，孩子的假装行为主要是模仿大人的日常生活，比如，拿玩具电话假装打电话，这时的象征性动作更多是联想和模仿。

约 1 岁半之后，孩子出现对他人的假装性动作，比如，拿着空杯子给小熊喝水，拿着勺子给小熊喂饭，等等。

到了 2 岁左右，孩子逐渐能够有序地、连贯地做出几种不同的动作，比如，给小熊喂饱饭，然后把小熊抱起来，放到小车上，带着小熊出去玩。

2 岁之后，孩子的想象力进一步发展，可以不借助现实的东西灵活地想象物体或事件，象征性游戏就会由最开始的模仿成人发展到更具创造性的阶段。

象征性游戏的好处

◎ 象征性游戏，让孩子越玩越聪明

孩子在玩象征性游戏时会建立一个虚拟的场景，把一部分物体的属性转移到另一部分物体身上，并根据这些属性创造相关的情节。比如，孩子会把积木当作布娃娃的奶瓶，假装给布娃娃喂奶；或者把积木当作一辆小汽车，推着积木汽车到处跑。这些假装活动都包含了信息重组、意义转换等过程，对孩子的思维能力发展有积极的推动作用，锻炼抽象思维，也可以为以后的数学学习奠定基础。

◎ 象征性游戏，能提高孩子的社交能力

在玩象征性游戏时，孩子会试着做出日常所观察到的一些行为，正是通过不断观察和模仿，孩子开始理解周围的世界，理解他人的情绪，开始发展共情能力。例如，当小伙伴伤心时，孩子会安慰他们；孩子自己做好了“饭菜”，会跟其他人分享等。

另外，在象征性游戏中，孩子可以和家长、小伙伴一起安排和计划游戏的主题，规定游戏角色，制定游戏规则等，这些活动能帮助他学习如何与人沟通、合作，有利于他们的社交能力发展。

解决方案

◎ 玩游戏时不要戳破孩子的幻想，不要把你的观点强加给孩子

比如，当孩子把收纳箱当成小汽车时，有些家长怕孩子认知混淆，就跑过去纠正孩子：“这是小箱子，不是小汽车，这是用来装玩具的，小汽车长那个样子……”这样做只会打乱孩子的游戏节奏，导致孩子自我否定。

所以，当孩子独自玩假装游戏时，家长只需要陪伴孩子。当孩子向家长求

助，或是明确表达想和家长互动时，家长再参与进来。参与方式要自然，比如，家长可以先鼓励孩子：“哇，你开车开得真好！小司机要去哪里呢？要去动物园？能带我一起去吗？”这样自然而然地参与游戏中。

◎ 给孩子提供丰富的道具材料

2岁以前，孩子的想象力和理解力水平较低，所以他们必须依赖一定的游戏材料来维持游戏活动。家长应提供丰富的道具，比如，可以给孩子一些不怕摔的锅碗瓢盆，让他玩做饭游戏；或者把用完的装化妆品的瓶瓶罐罐给孩子，和他们玩超市购物的游戏。

另外，在准备丰富道具的同时，家长还要给孩子提供一个安全的环境。比如，当孩子用箱子假装开车时，注意力全部放在箱子上和眼前的一小块范围内，这时就需要家长清除孩子周围尤其是身后的障碍物，比如椅子、拖鞋、玩具等，以免孩子磕碰或者被绊倒。

◎ 家长示范玩假装游戏，可以促进孩子进行象征性游戏

在生活中，家长偶尔也要变成“游戏王”，给孩子做一些象征性动作的示范，比如，妈妈拿起一个红色海洋球假装咬一口，说：“哇！红苹果甜甜的，真好吃啊！”邀请孩子也拿一个海洋球尝一尝，“很甜吧！”妈妈假装喂小熊苹果，“宝宝，你也喂小熊吃苹果吧。”鼓励宝宝给小熊吃苹果……宝宝觉得很有趣，他就会拿海洋球或者其他玩具假装自己吃、喂妈妈、喂小熊。

可以马上做的三件事

- ✔ 给孩子准备一些玩假装游戏的道具，比如厨房玩具、小医生玩具等。
- ✔ 配合孩子玩假装游戏，比如给玩具娃娃喂饭、刷牙，哄它睡觉。
- ✔ 发起一个象征性游戏，邀请孩子模仿。

孩子的“坏脾气”怎么破

你可能遇到的问题

- 孩子脾气越来越大，稍不顺心就大哭大闹
- 不知道怎么处理孩子的情绪，听到孩子哭就心烦，忍不住冲孩子大喊，可是事后又后悔

这个阶段的孩子有了自己的想法，但碍于无法用语言准确表达，所以有时会变得很暴躁。这是一种正常现象，家长应学会理智处理。

孩子为什么爱发脾气

1 岁半左右的孩子处于自我意识萌芽期，很多事情都希望亲自去做，自我表达和表现的欲望也越来越强。但是，由于孩子的语言发展能力跟不上自我表达的欲望，大脑的发育程度也决定了他们还没有办法管理自己的情绪，当遇到挫折、受到限制的时候，他们只能通过一些看似不可理喻的行为，比如大哭大闹、摔东西、打人、咬人等行为，来表达自己的情绪。

解决方案

◎ 家长要先做好情绪管理，不要“一点就着”

为了避免孩子引爆自己的情绪，家长可以暂时远离现场，给自己一个缓冲，很多时候管好了当下，就可以避免很多不必要的冲突。美国治疗专家罗伊·玛蒂娜博士发现，愤怒后应立刻放慢呼吸，6秒钟的深呼吸能够帮助平稳情绪，恢复思考能力。在心理学上，这种奇妙的现象被称为“6秒钟法则”。

在这6秒钟里，你可以试试这样做：1. 心里跟自己约定，先不要发火。2. 暂时把视线从孩子身上移开。3. 专注地回想6种矿泉水的品牌。4. 成功回想出6种矿泉水的品牌后再开口说话。当然，也可以想其他6种物品，比如6款口红的牌子，主要目的是让自己等待6秒钟。

处理好自己的情绪后，再回到现场，处理孩子的情绪。

◎ 四步处理孩子的情绪

1. 积极倾听。孩子生气时就仿佛一个鼓鼓的气球，情绪在身体里越积越多，气球也就越来越大。这时，严厉的父母会甩出去一句话，像根针一下把气球扎破。娇惯的父母会捧着这个气球着急又不知所措。而智慧的父母则会轻轻地打开气球的口，让气一点点放出来。这个放气的过程，就是积极倾听。

比如，在孩子因为找不到喜欢的布娃娃而难过的时候，父母与其到处去帮忙找布娃娃，不如积极倾听孩子的心声：“你真的很想现在就要你的布娃娃，找不到她你很伤心。”孩子发现自己的感受被理解、被接纳了，就会慢慢平静下来。

2. 理解孩子，但是不能让步。比如孩子想吃糖，你可以说：“我可以一直陪着你，多长时间都行，你可以哭，也可以生气，但今天真的不能再吃糖了。”

话里包括的两层含义都很重要：

一是你不会因为孩子的情绪而改变你的做法（除非你意识到你是错的，如果你错了，那就认错并改正）。二是对于孩子此时此刻的悲伤或愤怒情绪，你很重视并且提供安慰，而不是否定或者指责。

接纳情绪，并不等于接纳行为。拒绝孩子的要求，并不妨碍我们告诉孩子：“我理解你的感受，明白你的需求。而且，如果情况允许，我会想方设法满足你。”

如果你不会因为他的情绪而妥协，孩子也会慢慢知道：“妈妈知道我很难过，但是我发脾气没有用。”

3. 接纳情绪，规范行为。有的孩子生气时会打人、咬人或者摔东西，这是不被允许的。要让孩子知道，他可以生气，可以发脾气，可以哭，但是不能伤害自己和他人，也不能破坏环境。

可以想象一下，如果孩子在情绪失控时，摔坏了自己喜欢的玩具，等情绪缓解，看到心爱的玩具坏了，会是什么感觉？后悔？愧疚？为了避免这样的事情发生，就要告诉孩子不能伤害自己和他人，也不能破坏环境。所有的感受和期望都是可以被接受的，但并非所有的行为都可以被接受。

同时，孩子的情绪也需要一个出口，可以和孩子一起在家里布置一个空间作为“冷静角”，不管是大人还是孩子，有情绪的时候都可以到这个空间处理自己的情绪。

4. 先处理情绪，再处理事情。“别让愤怒冲昏了头脑”“冲动是魔鬼”，当我们有负面情绪时，做事是不理智的，孩子也一样。孩子情绪失控时，是听不进你讲的任何道理的。等孩子的不良情绪化解了，你就能引导他去处理事情了。

例如，孩子因为玩具被抢走了而生气打人，这时你要先陪伴他，待他情绪平静后再引导他一起讨论解决问题的方法，也就是“复盘”。引导孩子自己想办法，帮助他做出最好的选择，鼓励他自己解决问题。可以和孩子一起探讨，“如果再发生类似的事，除了打他，你能想到其他的方法吗？”“下次出现同样的情况时，怎么做会更好？”情绪平稳的孩子，会给你一个意想不到的答案。

可以马上做的三件事

- ✔ 有情绪的时候试一试“6 秒钟法则”。
- ✔ 和孩子一起布置一个“冷静角”，并与孩子约定，有情绪的时候可以在“冷静角”待一会儿。
- ✔ 孩子情绪平静时和孩子做一次复盘。

8

18～20个月的宝宝

孩子要夸，更要正确地夸

你可能遇到的问题

- 孩子被夸奖后没有那么开心了
- 孩子只愿听好听的话，一被批评就哭

夸奖是一种很好的激励方式，但是夸奖的方式不对可能适得其反，家长要学会正确夸奖孩子。

表扬，对孩子很重要

心理学家威廉·詹姆斯说：“人类本性中最深刻的渴求就是受到真诚的赞美。”对孩子来说，表扬更是一种重要的教育方式。对孩子的行为或表现给予肯定、赞赏、鼓励，会增加他们的喜悦感和自信心，提高做事的积极性。

但表扬也是有技巧、有方法的，表扬的方式不同，产生的效果可能会大相径庭。所以，坚持正面教育，做到恰当、有针对性的表扬，有助于培养孩子良好的行为习惯和独立意识的发展。

解决方案

◎ 夸孩子努力，不夸聪明

斯坦福大学心理学家卡罗尔·德韦克做过一个实验。在实验中，他们让学生独立完成一系列智力拼图任务。

对第一组学生，他们说：“你在拼图方面很有天分，你很聪明。”对第二组学生，他们说：“你刚才一定非常努力，所以表现得很出色。”随后，实验人员让学生自主选择难度不同的拼图，那些被夸奖聪明的孩子都选择了简单的拼图；而那些被夸奖努力的孩子，几乎都选择了难度更高的拼图。在第四轮测试中，那些被夸奖努力的孩子，分数比第一次提高了30%左右。而那些被夸奖聪明的孩子，分数退步了大约20%。

这些坑不要踩

✘ 孩子完成什么事都要夸

有些家长为了多给孩子一些鼓励，无论孩子完成了什么事情，都会夸孩子，这就失去了夸奖的意义。夸奖的频率应该前高后低。比如，孩子第一次自己吃饭，第一次自己穿衣服，等等，这样的事情一定要夸奖他，而随着孩子做得越来越好，就不需要反复夸奖。

✘ 夸奖不符合实际

有的家长夸孩子时比较夸张，比如孩子画了一幅画，家长说：“这真是世界上最漂亮的一幅画了！”这样的夸奖没有任何意义，孩子知道你对他的评价是有水分的，就不会再相信你的任何评价。另外，言过其实的夸奖还会让孩子对自己的能力产生怀疑。你在夸赞时将孩子的能力推到顶点，实际上也在表达另外一个意思——这是你的最高水准，你已经没法做得更好了。

✘ 夸孩子“好孩子”

有家长看到孩子好的行为时就夸他是“好孩子”，在孩子犯错的时候就说他是“坏孩子”。说孩子是“坏孩子”当然不对，但夸“好孩子”也有伤害。因为这是过度强调孩子要一直好，很容易让孩子认为除非自己始终是好的，否则就没有价值。为了证明自己一直好，他们可能会撒谎或逃避一些活动，以掩盖自己的不完美。所以，夸孩子要将孩子的行为和人格分开。

德韦克认为，夸奖孩子努力，会让孩子产生一种可以自己掌控的感觉。孩子会认为，成功与否掌握在自己手中。反之，夸奖孩子聪明，就等于告诉他们成功不在自己的掌握之中，当他们面对失败时，往往束手无策。

所以，我们要夸奖孩子的努力，“哇，我很感动，因为你真的很努力”。这样的话会让孩子相信他可以通过努力找到解决方法，能够克服任何困难。

◎ 夸具体行为，不夸“你真棒”

比如，孩子够高处的玩具，他踮脚够不到，于是搬来凳子，站在凳子上够到了，这时要夸他：“你真会想办法，能自己解决问题，自己够到了玩具是不是特别开心？”这样的夸奖会让孩子知道自己哪里做得好，慢慢地会将成功的经验迁移到其他情境中。如果只是夸“很棒”，孩子不知道到底是哪里棒，也就失去了夸奖的意义。

◎ 夸孩子自己的进步，不夸比别人好

美国里德学院的心理学教授做过一项花式夸孩子的研究，结果发现，那些被夸奖“大部分孩子都没有你做得好”的孩子，内在动机明显比其他孩子要低。也就是说，“对比式”夸奖让孩子变得更加在意“别人怎么说”，而不是“自己怎么做”。经常被这样夸奖的孩子遭遇失败后更容易否定自己，他们的自我价值感也会降低。所以在夸孩子时，要夸孩子相比以前有哪些进步。

可以马上做的三件事

- ✔ 孩子完成一件事，夸奖孩子一个具体的行为。
- ✔ 孩子某方面有进步，及时夸奖。
- ✔ 提醒自己夸奖孩子时不说“你真棒”“真是一个好孩子”。

不要错过孩子的语言爆发期

你可能遇到的问题

- 孩子只会说两个字的词，不会说完整的句子
- 喜欢叽叽喳喳地和大人说话，即使说不清楚，也说个不停

1 岁半以后，孩子进入语言爆发期，家长应抓住机会进行语言引导，锻炼孩子的语言发展能力。

语言爆发期到了

一般来说，孩子在 18 个月左右会进入一个全新的语言发展阶段，这时他们的语言表达欲望强烈，理解能力也有了极大的提高，这些都标志着语言爆发期的来临。

处于语言爆发期的孩子，词汇量会迅猛增长。一般 1 岁半的孩子能说 50 个词左右，2 岁时，他们的词汇量为 200 ~ 300 个。这个阶段的孩子，语言表达方式不再是“单字蹦”，而是开始说简单的句子，比如“孩子吃”这样的双词句，或者是“孩子吃饭”这样的三词句。当孩子开始说简单句时，证明他已经开始学习语法了。

解决方案

◎ 强化“言行一致”

这个阶段的孩子可以理解简单的指令，并按照指令做事；语言和行为也逐渐统一，能够做到言行同步、边说边做；同时，他们还可以用语言描述别人的行为。

在日常生活中，家长可以有意识地给下达孩子简短、明确的行为指令，引导孩子边说边做。比如，请孩子帮忙：“宝宝，请把苹果拿给妈妈。”孩子在递给你苹果的同时可以继续问他：“你在干什么呀？”引导孩子一边做一边说“给妈妈苹果”。

此外，家长还可以引导孩子试着描述别人的行为。比如，当孩子看到爸爸拿起手提包准备出门时，可以问孩子：“宝宝，爸爸拿着包要干什么去呀？”引导孩子回答“爸爸上班”这样的句子。

◎ 丰富孩子的词汇量和词类

研究发现，这个阶段的孩子对词汇的接受速度非常快，平均每 2 小时就能学会一个新词。同时，除了名词和动词，他们对形容词也有了初步概念。家长可以从生活中的常见物品着手，帮孩子逐步扩大词汇量，丰富词汇种类。

比如，当孩子说“苹果”时，家长可以说“红红的苹果”；当孩子指着树上的鸟说“鸟”时，家长可以对孩子说“美丽的小鸟”。

这个阶段的孩子开始对两个物体之间的对比关系有了概念，比如“爸爸高，孩子矮”，“汽车快，自行车慢”，等等，重复次数多了，孩子便学会了。当孩子见到大小不同的车时，“大车”“小车”这些词可能就脱口而出了。

◎ 帮孩子把简单句、短句扩充成完整的长句

孩子说出的句子都比较简单、短小，而且不完整，比如说“妈妈鞋”，实际是让妈妈帮他穿鞋，或者是妈妈穿鞋。孩子所说的句子的词序经常是颠倒

的，比如想让妈妈抱，说的却是“抱妈妈”。

我们要把孩子说的简单句扩充成完整的句子，比如，孩子说“爸爸鞋”，我们可以说：“哦，这是爸爸的皮鞋，爸爸的皮鞋是黑色的。”或者孩子说“帽子”，我们可以说：“帽子，这是宝宝的帽子，帽子是红色的，暖暖的，宝宝要戴上吗？”我们先把孩子的简单句补充完整，孩子就会模仿，慢慢地在合适的情境表达出来。

◎ 展开对话，有问有答

为了锻炼孩子的语言能力，家长可以尝试顺着事情的发展和孩子展开一问一答的对话，延长对话时间。

比如，孩子看见冰块，你可以先问他：“这是什么呀？”当孩子回答“冰”时，你可以把冰块放在他手中，让他摸一摸，感受一下。然后再问他：“摸着有什么感觉？凉吗？”当孩子回答后，你可以继续追问：“那妈妈拿走了好不好？”孩子也会继续回答“好”或者“不好”。这样，家长和孩子的互动就变成了一个真正的双人游戏，就像打乒乓球一样有来有回。

可以马上做的三件事

- ✔ 把孩子的话扩充成完整的句子。
- ✔ 给孩子一只皮球，跟孩子展开一段对话，比如，可以问孩子：“这是什么呀？”当孩子开始拍球时，接着问：“宝宝在干什么呀？”“皮球是圆圆的，宝宝找找还有什么东西是圆圆的。”
- ✔ 有意识地使用对比概念的词，比如，“快”和“慢”，“长”和“短”等。

利用秩序感，让孩子学会整理玩具

你可能遇到的问题

- 孩子玩过玩具后，家里就像被打劫了一样，玩具扔得满地都是
- 让孩子把玩具收好，他也不收

从现在开始，让孩子养成玩完玩具要整理归位的习惯。这样做的意义是既解放了家长，又满足了孩子自己的需求。

玩具归位符合对秩序的需求

根据蒙台梭利秩序敏感期的理论，孩子出生后开始出现对秩序的喜好，在2岁左右达到高峰。这里所说的对秩序的需求，就包含物品要有固定的摆放位置。我们可以利用孩子对秩序的需求，培养他玩完玩具放回原处的习惯。当环境满足孩子对秩序的需求，他就能从中逐步建立起内在的秩序，发展出良好的秩序感，智力也将得到发展。即使秩序的敏感期消退后，孩子也会维持这种稳定的秩序感，因为这已经变成他内在的一部分。

解决方案

◎ 将玩具归类，准备收纳箱

这个阶段的孩子正处于秩序敏感期，要求物品摆放有秩序，用完要归位。

我们可以利用这个特点，引导孩子学习整理玩具。

首先，将孩子的玩具归类，如积木类、玩具汽车类、拼插类等。然后，准备一些归纳箱，在每个归纳箱外面贴上一类玩具的图片，作为线索来提示孩子。孩子想玩什么就去对应的箱子里找，在整理时也会很清楚地知道，把玩具放进对应的箱子。在这个过程中，孩子既整理了玩具，还学习了归类这个数学概念，可谓一举两得。

◎ 先做示范，分步引导

想让“整理玩具”的指令更加清晰，我们可以先给孩子演示怎么收玩具。比如，将玩具放回筐里时，告诉孩子，我们正在做什么：“现在，妈妈把你最喜欢的小汽车放进这个玩具筐。今天你和它玩得很高兴，对吗？现在，妈妈再把这个红色的大球收起来。”当还剩三四个玩具的时候，我们可以邀请孩子一起收拾，递给他一个玩具的同时，对他说：“现在你也跟妈妈一样，把积木放

这些坑不要踩

✗ 指令模糊

很多家长在要求孩子整理玩具时，给出的指令是“把玩具收好”。事实上，这对孩子来说是一个很模糊的要求，他并不知道怎么算收好。比如，家长的“收好”标准是把玩具整齐地放进收纳箱里，而孩子想的却是只要不影响走路就行。所以，有时候并不是孩子不肯按照家长的要求收拾玩具，而是家长给指令的方式不对。

✗ 直接提要求

有些家长会直接向孩子提要求，让他收玩具，孩子却不配合。孩子到了这个阶段，开始有了自我意识，喜欢说“不”。如果直接要求孩子把玩具整理归位，他很可能就跑开了。所以，家长在提要求的时候需要用上一些小技巧。

到积木箱里吧。”这个阶段的孩子只能听懂一步指令，所以等他把积木收完，再请他“把娃娃放到小床上”。就这样，一步一步地引导，孩子就知道怎么做了。

◎ 巧用技巧，快乐整理玩具

顺应孩子的发展特征，巧妙地使用一些小技巧，比直接强硬地要求孩子把玩具收好，效果要好得多。

第一个小技巧：故意示弱，请孩子帮忙。如果孩子跑开了，我们可以先收拾，过一会儿故意示弱，请孩子帮忙：“妈妈累了，哪个小宝贝来帮帮我呢？”这个月龄的孩子会很乐意帮忙。在孩子收拾玩具的时候，我们要及时表扬。

第二个小技巧：把任务变成游戏，送玩具回家。2 ～ 7 岁的孩子，觉得玩具跟自己一样，是有知觉、有感情的。比如模仿玩具的语气，可怜地说：“不跟我们玩了，就让我们回家吧。”孩子就会心软，开始收玩具。这时候，我们继续用玩具的语气，下达下一步指令：“收起来，收起来，把汽车收起来……收起来，收起来，把积木收起来……”这样，孩子会开心地将玩具一件一件归位。

◎ 规则约束，习惯养成

如果这些方法都不管用，那就要用规则来约束了。我们可以准备一个大纸箱，和孩子约定，如果在每天睡前，玩过的玩具他没有收起来，玩具就会被收进纸箱里，三天或一个星期不能玩。如果执行的时候孩子哭闹，我们可以安慰孩子，但要坚持原则，不能妥协。这样坚持一段时间，孩子就会知道妈妈是认真的，如果他不想玩具被收走，就会自己收玩具。

可以马上做的三件事

- ✔ 给孩子的玩具归类，为每类玩具准备一个固定的收纳箱。
- ✔ 和孩子一起收拾玩具，示范如何把玩具归类放好。
- ✔ 和孩子约定一个规则，如果玩具没有收会怎样，并坚定地执行。

怎么跟孩子说“对不起”

你可能
遇到的问题

- 答应孩子周末去玩，结果临时加班无法兑现承诺
- 冲孩子发脾气，想对孩子说“对不起”却说不出口

出现上述两种情况时，我们都应该向孩子道歉。

学会道歉很重要

很多时候，我们可以把对孩子的爱大方地表达出来，却羞于在做错事情后，对孩子说声“对不起”。“对不起”似乎是中国家长最难对孩子说的三个字。其实，说“对不起”，对孩子的成长以及维系家长和孩子之间的亲子关系而言，和说“我爱你”一样重要。

解决方案

◎ 及时道歉，不找借口

当我们意识到自己的错误时，要马上道歉，不要让孩子等太久。同时，我们要放下身段，蹲下身子，平视孩子的眼睛，态度诚恳地说出“对不起”。

不要为自己的错误找借口，也不要在“对不起”后面加上“但是”，把道歉变成指责孩子的机会，或者对孩子说“我也是为你好”这种话。

比如，有的家长对孩子发脾气，跟孩子道歉时可能会这么说：“妈妈刚才不应该对你发脾气，是妈妈不好。但是你听妈妈的话，妈妈就不会发脾气了。”这样的道歉，根本不是“道歉”，而是以“道歉”为由头对孩子进行说教和指责。真正的道歉，应该是这样的：“对不起，妈妈不应该对你发脾气，是妈妈没有控制好自己的情绪。你能原谅妈妈吗？”

◎ **倾听心声，换位思考**

在跟孩子说出“对不起”之后，我们要引导孩子说说他的感受，听听他的想法。比如，我们可以问孩子：“妈妈刚刚发脾气的时候，你是不是很难过？”如果孩子说不出来，我们也可以让孩子通过画画或者游戏的方式表达。比如，和孩子玩角色互换的游戏，让孩子扮演妈妈，妈妈扮演孩子，重现刚才的情

这些坑不要踩

✘ 认为道歉会失去孩子的尊重

有些家长认为，在孩子面前应该维持完美、高大的形象和绝对的权威性，才能获得孩子的崇拜和尊重，让他听自己的。一旦对孩子道歉，承认家长也会犯错，就会失去孩子的尊重，在他面前丢失话语权。其实恰好相反，诚恳道歉会为家长在孩子心目中的形象加分。因为“对不起”这三个字表达的不仅是歉意，更是对孩子的尊重，当孩子感受到父母的尊重，他也会更尊重父母。

✘ 用“示好”代替道歉

有的家长可能会说：“我虽然没跟孩子说过‘对不起’，但是我没少在孩子面前示弱让步。”比如，家长主动开口跟孩子说话，叫孩子过来吃饭，给孩子买个新玩具，等等。虽然这些“示好”行为在某种程度上确实可以帮助修复家长和孩子之间的关系，但本质上并不是道歉，因为家长没有在孩子面前承认自己的错误，也没有给孩子原谅的机会。

景。这样，我们就能从孩子的角度看到自己发脾气的样子，更好地共情孩子的感受。同时，孩子也能站在我们的角度看到自己刚才的表现，从而理解我们的感受和行为。

◎ 用亲密举动重建情感联结

对孩子说“对不起”后，还需要通过一些亲密的举动，重新建立和孩子的情感联结。比如，我们可以给孩子一个大大的拥抱，把他抱在怀里，亲亲他的小脸蛋，温柔地摸摸他的小脑袋，或者和他笑嘻嘻地打闹一番。这样，可以让孩子知道爸爸妈妈依然爱他。

◎ 共同讨论，避免再犯

为了避免再犯同样的错误，我们还可以和孩子讨论一下，以后要怎么做。我们可以问问孩子是怎么想的。比如，你可以这么问：“你觉得妈妈以后再生气，应该怎么做呢？”也许，孩子会给出意想不到的答案。

◎ 间接道歉

如果家长实在没法直接说出“对不起”这三个字，可以尝试先用间接的方式向孩子道歉。比如，通过语音留言对孩子说“对不起”；手里拿着玩偶，模仿玩偶的声音对孩子说“对不起”；和孩子玩角色扮演游戏，借着台词练习对孩子说“对不起”。这样的练习做多了，我们很快就会发现，在孩子面前坦诚地承认错误，真诚地说“对不起”，并没有想象中那么困难。

可以马上做的三件事

- ✔ 和孩子一起列出“妈妈/爸爸犯错清单”，对孩子说声“对不起”。
- ✔ 和孩子讨论，生气时应该怎么做才能缓解情绪。
- ✔ 和孩子玩角色扮演游戏，扮演不小心犯错的角色，练习对孩子说“对不起”。

孩子做不好还非要自己来

你可能
遇到的问题

- 冲奶粉的时候孩子非要自己来，端又端不稳，经常洒一桌子
- 孩子穿衣服时非要自己系扣子，系不上还着急

孩子从需要别人帮忙到想自己做，这与孩子的自我意识发展有关，是孩子成长过程中的一个阶段。

渴望“自己来”代表自我意识的发展

这个阶段的孩子动手能力越来越强，能做的事情也越来越多，他们开始意识到自己是一个独立的个体，自我意识萌发，逐渐从完全依赖父母的状态过渡到渴望独立、渴望获得认同的状态。

掌握一项新技能是这个阶段孩子的正常心理需求，他们渴望“自己来”，以此获得家长的认同，证明自己的成长。

从心理发展的角度讲，“自己来”标志着孩子自我意识的发展；从教育的角度讲，“自己来”有助于培养孩子的独立意识和自信心。家长应该抓住机会，用对方法，帮助孩子更好地成长。

解决方案

◎ 管住自己，给孩子尝试的机会

对很多家长来说，做到这一点是非常难的，特别是如果当下我们有紧急的事情，或者已经很累了，孩子还非要自己来，结果弄得乱七八糟时，更会忍不住想上前帮忙。但是，你要知道，你的帮忙剥夺了孩子练习的机会，破坏了孩子的自信心和独立能力。所以，只要孩子做的事情没有危险，不会伤害任何人，就应该尊重孩子独立的需求，允许孩子尝试。

◎ 给孩子示范正确的做法，允许孩子试错

当孩子学习新技能的时候，家长要做的不是制止，而是教给孩子正确的做法。过程中要允许孩子试错，因为试错是这个阶段的孩子探索和学习周围世界

这些坑不要踩

✗ 嫌弃孩子慢，不让孩子自己动手

有些家长嫌孩子自己做太慢，容易出错，就不让孩子自己动手，这会严重打击孩子的积极性，阻碍自理能力的发展。孩子可能会产生两种心理：一是逆反心理，非要证明自己，变得很固执；二是放弃尝试，接受自己不行的事实，以后我们想让孩子自己动手的时候，孩子可能也不愿意了。

✗ 批评、指责孩子

孩子刚开始学习新技能，难免在操作过程中出错，造成一些混乱场面。有些家长面对孩子惹出的“麻烦”，往往第一反应就是批评、指责，一边呵斥一边制止，这样做会破坏孩子的自信心，强化羞愧、内疚的情绪，不利于孩子形成正确的自我评价，还容易吓到孩子。家长要照顾孩子的情绪，及时指出孩子做错的地方，并和孩子一起修正。

的重要方式。当孩子遇到困难时，家长应耐心指导。

比如，教孩子如何往杯子里倒牛奶。一开始孩子可能会把牛奶倒在杯子外面，也可能倒得太多使牛奶溢出来。家长可以这样提醒他：倒牛奶时，牛奶盒要离杯子近一点儿；杯子快满时，要倒得慢一点儿。孩子可能没法立刻掌握，但试过几次后手的控制能力会越来越强，动作也会越来越熟练。这样做不仅能满足孩子自己动手的需求，还能提高孩子解决问题的能力。

◎ 让孩子当妈妈的小帮手，干力所能及的家务

孩子喜欢当妈妈的小帮手，所以，给他分配一些简单的工作，他会非常有成就感。

孩子做某项工作时，可能会遇到困难，我们可以帮助他把工作分成几步以掌握技能。比如，你剥豌豆的时候，孩子也想参与，但是又不知道怎么剥，你可以先给孩子示范，一边剥一边跟他描述：“宝宝，我们先撕开豌豆皮。哇，你看，豌豆宝宝出来了，它们都住在一个房子里，我们把它们请到碗里吧。”这种生动有趣的方式能增加孩子的兴趣。把豌豆一颗一颗地放到碗里后，扔掉豌豆皮，我们可以说：“豌豆宝宝都到碗里了，豌豆皮要扔到垃圾袋里。”接着，就可以让孩子尝试。刚开始，我们可以先帮他把豌豆皮撕开，让孩子一颗一颗地捏出来，放到碗里。等他熟练后再让他自己撕豌豆皮，自己剥豆。最后，把剥好的豌豆煮熟端到他面前，告诉他：“这是宝宝剥好的豆子。”孩子会觉得非常开心和自豪，吃饭也会更香。

可以马上做的三件事

- ✔ 刷牙时，鼓励孩子自己挤牙膏，可以先给孩子示范，然后让孩子自己尝试。
- ✔ 让孩子帮助你做一件事，比如，你下班到家时让他递给你拖鞋，并谢谢他的帮助。
- ✔ 鼓励孩子自己收拾玩具，和他分享把家收拾整齐的感受。

孩子不分享是小气吗

你可能遇到的问题

- 孩子不喜欢跟小朋友们一起玩
- 孩子拿到什么都说“我的”，不愿意跟小朋友分享

3 岁以前的孩子不愿意分享，是因为他在心智上还没有做好分享的准备，不懂分享的意义，也没有分享的需求。

懂得分享，必须具备三种意识

孩子在学会分享之前，必须先具备三种意识：自我意识、物权意识以及社交意识。

自我意识。孩子在 1 岁半左右，自我意识就会萌芽，开始意识到自己是一个独立的个体。分享是把自己的东西给别人，而有了自我意识，孩子逐渐分清自己和别人，这就为他理解什么是分享打下基础。

物权意识。2 岁之后，孩子经常把“我的”挂在嘴边，这就说明他已经出现物权意识，开始区分自己的东西和别人的东西，知道哪些东西是“我的”，哪些东西不是“我的”。这种在自己和别人的东西之间划清边界的意识就是“物权意识”。物权意识的出现是孩子自我意识发展的重要里程碑，也是他学会分享的前提。

社交意识。孩子在 3 岁以前，基本都是各玩各的，即使旁边有别的小朋友，他们也很少会玩到一起，最多在同一个空间玩，但是基本没有互动。3 岁以后，孩子才会渐渐出现社交行为，真正在游戏中和其他小朋友互动。这就说明孩子的社交意识出现了，这时候他才会产生分享的意愿。

解决方案

◎ 捍卫孩子的物权

当孩子明确表示不愿意分享时，我们不要强迫他分享，更不要给他贴上“小气”“自私”的标签，要尊重他的意愿，允许并帮助孩子捍卫他的权益。因为当我们帮助孩子捍卫物权的同时，也是在教他尊重别人的物权，让他知道自己有权决定自己的东西，别人也有权决定别人的东西。比如，有小朋友盯着孩子的玩具，孩子不同意分享，你可以跟对方说：“现在弟弟正在玩呢，等他不玩了，你再问问他，好吗？”如果孩子得到了充分的尊重，知道自己对玩具有选择权，他会更乐于分享。

◎ 引导孩子体验分享

如果家里来客人了，我们可以邀请孩子一起准备水果，切好水果后，让他帮忙把水果分给客人。我们可以说：“宝宝，这是给客人的苹果，你能帮妈妈把这盘苹果递给客人吗？”孩子会很乐意帮忙。

平时带孩子外出玩的时候，可以带点独立包装的小零食，请孩子跟小伙伴分享，孩子一般也不会拒绝。如果他分享了，就要夸他，让孩子知道，分享是一件开心的事情。

可以马上做的三件事

- ✔ 告诉孩子“轮流”是什么意思。
- ✔ 和孩子交换一样物品，告诉他交换的好处。
- ✔ 和孩子一起拿着家里的小零食去跟邻居分享。

9

20～22个月的宝宝

如何进行亲子英语阅读

你可能遇到的问题

- 不知道怎么选英语绘本
- 选完了不知道怎么读

英语绘本怎么选、怎么读，是家长在给孩子进行英语启蒙时非常关心的两个问题。

选择英语绘本的原则

◎ 选纯英语绘本

从语言习得的角度看，最有效的语言学习方式是直接把绘本里的图片和听到的英语相对照，在脑中建立英语和图片之间的联系。比如，我们希望孩子看到苹果就能想到“apple”，而不是先想到“苹果”这两个汉字，再翻译成“apple”。这就需要我们在读绘本时，尽量选择纯英语绘本，给孩子营造一个真实、自然、全英语的语境。

◎ 选图文对应关系明显的

图片和文字之间联系紧密，有助于孩子将图片与单词或句子对应。比如，绘本 *Gossie* 中讲了一只爱穿红色靴子的小黄鹅 Gossie 发现自己心爱的靴子不见了，急得到处找的故事。当读到“She walks in the rain”时，图片呈现的就是 Gossie 穿着小红靴在雨中走的场景；当内容变成“She walks in the snow”，图片也随之变成 Gossie 在雪中走的场景。这样，孩子看着图片，就能把语言和图片联系起来。

◎ 选语句韵律感强、重复性高的

节奏感强、句式重复的绘本更符合孩子的认知特点，容易让他印象深刻。比如，Eric Carle 的经典作品 *Brown Bear, Brown Bear, What Do You See?* 中，几乎每一页都会出现一种新的不同颜色的动物，但是通篇用的句式都是一样的。图上出现红色小鸟时，对应的句子是“Red Bird, Red Bird, What do you see”和“I see a yellow duck looking at me”。这里的“yellow duck”就是下一页即将出现的动物——黄鸭子。

翻到下一页，黄鸭子出现了，句子就变成了“Yellow Duck, Yellow Duck, What do you see”和“I see a blue horse looking at me”。而“blue horse”同样是下一页要出现的动物。

“What do you see”和“I see... looking at me”这两个句子在书中重复了十多遍，孩子想不记住都难。

怎么读英语绘本

◎ 提前备课

很多英语绘本自带音频，但只给孩子放录音是远远起不到英语启蒙作用的。美国华盛顿大学语言研究实验室发现，通过和父母互动学习中文的美国孩子，在中文测试中比通过录音学习的孩子表现更出色。学英语也一样，家长也要跟孩子互动。给孩子讲绘本前，家长如果没有十足的把握，可以提前备课，先跟着音频或者网上其他资源学习，确保每个单词都会读之后，再跟孩子共读。有些家长因为自己发音不标准，不敢开口，其实不必过于担心。孩子听到标准发音的机会很多，比如听童谣、看动画片等。英文接触多了，发音自然而然会被纠正过来。

◎ 注意重复的频率

重复，在英语学习中非常重要。根据德国心理学家艾宾浩斯提出的“遗忘曲线”，人对新知识的记忆和遗忘是有规律的。及时重复，能够抵消这种遗忘的趋势。

所以，不要担心孩子喜欢重复阅读一本书，这是孩子学习的方式。

◎ 全身反应教学法

“全身反应教学法”是心理学家詹姆士 · 艾谢利用身体动作进行语言教学，帮助孩子把动作和语言联系起来的方法。大量研究表明，这种方法能够有效加强孩子对语言的记忆。简单来说，就是在读绘本的过程中加入语调的起伏变化和身体动作。比如，我们读大猩猩的故事时，可以压低嗓子说话，同时做出捶胸口的动作；读小猫的故事时，就马上像猫咪一样做出拱背、低头的动作，同时声音变细，模仿猫咪“喵喵”的叫声。这样不仅能吸引孩子的注意力，帮助他保持阅读兴趣，还能充分调动孩子模仿的积极性，让他在模仿的过程中不知不觉就掌握了内容。

可以马上做的三件事

- ✔ 选择全英语绘本，不翻译成中文。
- ✔ 不依赖音频，提前备课，给孩子读绘本。
- ✔ 在阅读过程中加入语调变化、夸张的表情和肢体表演，演绎出孩子喜欢的绘本。

如何进行如厕训练

你可能遇到的问题

- 有没有立竿见影的方法，能快速教会孩子如厕
- 如厕训练都快半年了，孩子还尿裤子，怎么让他知道去厕所小便呢

如厕这件事急不来。孩子学习如厕的过程是否顺利，并不取决于家长的主观意愿，更重要的是看孩子自己是不是准备好了。

可以进行如厕训练的判断标准

◎ 看年龄

孩子只有能够有意识地控制自己的身体功能，也就是说能憋住大小便了，才具备学习如厕的能力。研究人员对在不同月龄开始如厕训练的孩子进行研究时发现，许多在 18 个月前就接受训练的孩子，直到 4 岁后才学会自己大小便；而那些在 2 岁开始训练的孩子，到 3 岁时几乎都能自己上厕所了。也就是说，过早开始如厕训练，可能会适得其反。一般来说，孩子至少要 1 岁半之后才能进行如厕训练。

◎ 看信号

美国儿科学会认为，如果出现以下 8 个信号中的大部分表现时，就说明孩子可以进行如厕训练了。

1. 尿布至少可以保持 2 小时不湿，或者午睡醒来后尿布还是干的。

2. 当尿布脏了后，会觉得不舒服，想要换尿布。

3. 对坐便器产生兴趣。

4. 大便时间逐渐变得规律。

5. 主动要求穿内裤。

6. 可以遵守简单的指令。

7. 会用面部表情、姿势或者语言表达自己正在大小便。

8. 可以自己或者在大人的帮助下穿脱裤子。

这些坑不要踩

✗ 与孩子陷入对抗

有些家长会在孩子不肯去厕所时，气急败坏地催促他。然而，这样做只会不断加剧他的对抗，即使他想去厕所，也会反着说“不想去”了。其实，孩子要上厕所时往往会有一些信号：扭屁股、换姿势、放屁，或者突然沉默、发呆等。这时，我们可以尽量委婉地提醒他，如果孩子不去，也不要勉强他。如果他尿裤子了，觉得湿裤子穿着不舒服，就给他一条干净的裤子，帮助他换上；如果孩子不想换，可以让他穿一会儿湿裤子，他觉得不舒服了，自然会找你换。

✗ 指责、训斥孩子

有些家长可能会因为一天要洗几条甚至十几条裤子而失去耐心，忍不住指责孩子：“这么大了还穿纸尿裤，害不害臊！”“说过多少次了，大便前要告诉妈妈，怎么又没告诉呢？”大人烦躁的情绪和羞辱的言语会让孩子产生羞愧感和紧张感，增大压力，这样反而会拉长如厕训练的时间。事实上，自主如厕是孩子迟早都能掌握的技能，我们只需要充分信任孩子，为他提供必要的帮助。要知道，让孩子根据自己的时间表做事，会比根据父母的时间表做事表现得更好。

解决方案

◎ 做好物质准备

我们要帮孩子准备好如厕用的小马桶、小内裤和隔尿垫等。比如，带孩子去母婴店，让他选择自己喜欢的小马桶，这样孩子会更愿意主动用。小内裤的首选标准是舒适，其次是可爱，可以帮孩子多准备几条。如果内裤上有小动物的图案，我们还可以对孩子说："可不要把小动物尿湿哦！"孩子会因为想保护小动物，更加留意上厕所这件事。另外，我们可以用隔尿垫代替纸尿裤。比如，孩子睡觉的时候，不要给他穿纸尿裤，而是在床上铺一张隔尿垫，减少收拾的麻烦。

◎ 做好认知准备

孩子是通过模仿来学习的，所以在他进行如厕训练时，我们可以先做示范，帮助他理解"排便时要上厕所"。比如，请男孩观察爸爸，女孩观察妈妈，爸爸妈妈引导孩子学习如何正确使用厕所的设施。如果有哥哥姐姐做示范，孩子可能会学得更快。另外，和孩子一起读相关的绘本也是个不错的方法。

◎ 做好语言和自理能力上的准备

教孩子用完整的句子说出自己要上厕所，能帮助他在有便意的时候，及时、准确地表达出来。如果孩子还不会说完整的句子，可以先教他用词来表达，比如"嘘嘘""臭臭"等。另外，平时让孩子多练习穿脱裤子，增强自理能力，减少上厕所的阻碍。

可以马上做的三件事

- ✔ 带孩子去选一个他喜欢的小马桶。
- ✔ 给孩子做如厕示范，引导他模仿。
- ✔ 和孩子共读一本跟上厕所有关的绘本。

孩子黏人怎么办

你可能
遇到的问题

- 孩子太黏人，妈妈上厕所都要跟着
- 只要找不到妈妈就会大哭大闹

孩子越大反而越黏人，或许会让不少家长感到困惑。其实，这是正常现象。

不可或缺的安全感

这个阶段的孩子比之前能力更强了，他能爬会走，可以随心所欲地去自己想去的地方。他有了独立意识，觉得自己是全能的，但很快又会发现，他并不是什么都能做。他开始焦虑并察觉外面的世界是可怕的，发现他仍然需要妈妈。

美国加州大学医学院精神学临床教授阿兰 · 斯格尔提出：1 ~ 2 岁是孩子出现黏人行为的最明显阶段，他把妈妈或看护人看作一个安全基地，当有安全需求时，就会返回看护人身边。所以，孩子黏人，其实是在确定自己是不是安全。只有拥有足够的安全感，孩子才会变得独立。

解决方案

◎ 让孩子知道他是安全的

1. 允许孩子“黏”着。孩子太黏人，上厕所也得跟着，可能会让我们很头疼。但是换一个角度看，这也是孩子学习的好机会。比如，如厕训练中有一

这些坑不要踩

✘ 认为孩子缺乏安全感，事事满足

有些家长认为，孩子这么大还黏人是缺乏安全感的表现，所以不管孩子提什么需求都要满足，让他建立安全感。殊不知，这样做不但会让孩子习惯依赖家长，还会影响他的性格和身心发展，变得缺乏独立自主意识和生存能力，成为凡事以自我为中心的“玻璃心巨婴”。

✘ 认为孩子独立性太差，冷漠相待

有些家长认为，孩子黏人是因为独立性太差，就应该不理他，让他学会独立。但是，家长总是推开孩子，甚至流露出不耐烦、冷漠、嫌弃的表情，孩子反而会继续步步紧贴，甚至更加黏人，试图用这种方式向家长求证他是安全的。事实上，孩子只有确认自己安全，才会变得独立。

个方法，就是让孩子观察大人上厕所，进行模仿学习。再比如，我们做饭的时候，如果孩子非要黏着，可以给他准备一盆豆角，教他剥豆子，这样既满足了孩子陪伴的需求，又能锻炼他手指的精细动作。

2. 设定一个亲子“充电”时间。高质量的陪伴就像给孩子“充电”，孩子对爱的需求满足了，他就能够学会独处，去做自己的事情。我们可以每天固定一个时间，哪怕只有半小时，放下手机，放下工作，专心陪伴孩子，一心一意地跟他互动。在这个过程中，还可以有意识地进行身体接触，比如给他一个拥抱。

3. 用游戏的方式跟孩子建立联结。当孩子想跟我们玩的时候，我们可以夸张地模仿他黏人的样子，跟他玩一个角色互换的游戏。比如，我们用轻松的语气对孩子撒娇：“宝宝不要看书啦，陪着妈妈吧！”“宝宝上厕所，也要陪着妈妈哟！”一般情况下，那个平时黏着人不放的孩子，听到这熟悉的话会害羞地笑起来。在游戏中，让孩子通过扮演更强势、需要更多独立空间的一方，可

以释放自己在现实中的压力。他会很愿意在游戏中，把他曾经被对待的方式一一演出来，比如亲亲你，或者给你讲道理："宝宝，你自己玩。"这会让孩子的掌控感和自信心得到充分满足，从而重获对独立的渴望。

◎ 培养孩子自己玩的能力

1. 给孩子提供适合他自己玩的玩具。开放式的玩具是个不错的选择，有多种玩法，可以让孩子自己琢磨。当然，玩具要符合孩子的能力和兴趣。比如，这个阶段的孩子很喜欢玩假装游戏，我们可以给他提供一些锅碗瓢盆，再给他几片菜叶、一把米，这样他可以自己玩很久。

2. 从和孩子一起玩过渡到在旁边看着他自己玩。刚开始，孩子需要我们坐在他旁边，跟他一起玩。等他专注地玩起来，我们可以向后撤一步，在旁边看着他玩。比如，我们对他说："宝宝先自己玩，妈妈喝点儿水。"喝完水后，我们就坐在离他不远处的沙发上，让他自己玩一会儿。等他看过来时，我们马上鼓励他："宝宝自己玩得真好！"受到鼓励，孩子也会很有成就感。

3. 从看着玩到离开一段距离。如果孩子能自己玩一会儿了，那我们就可以再离远一些，但是要让孩子在视线范围之内。比如，我们在厨房做饭，让孩子在客厅玩，他抬头正好能看到我们。等他叫我们的时候，我们可以回应他："妈妈在这儿呢，宝宝玩，妈妈给宝宝做饭。"可能刚开始时孩子一叫，我们就必须出来陪他。但是慢慢地，我们可以告诉他："你先自己玩，妈妈炒完菜就出来陪你。"然后，等我们炒完菜，马上出来陪他。这样循序渐进，能够逐步培养孩子自己玩的能力。

可以马上做的三件事

- ✔ 设定好每天固定的亲子互动时间，专心陪伴孩子。
- ✔ 给孩子提供锅碗瓢盆、几片菜叶、一把米，鼓励他自己玩。
- ✔ 和孩子玩角色互换的游戏，模仿他黏人的样子，让他演妈妈的角色。

如何科学安排“屏幕时间”

你可能遇到的问题

- 吃饭的时候一定要看着手机，不让看手机就哭闹
- 让孩子看电子产品担心影响视力，但是又不可避免，怎么平衡

对于这个阶段的孩子能不能看电子产品，家长应该辩证看待。事实上，电子产品不是不能给孩子用，关键要看怎么用。

孩子能看电子产品吗

美国儿科学会建议，18 个月以下的孩子，不要使用电子产品，和家人打视频电话除外；18 ~ 24 个月的孩子，如果想让孩子接触电子产品，建议对节目质量提前筛选把控，家长要和孩子一起观看，帮孩子讲述视频内容；2 ~ 5 岁的孩子，每天观看视频的时间不要超过 1 小时，这里的 1 小时不是指一次观看的时间，而是一整天观看电子设备的时间之和。此外，我们还要保证孩子每天有足够的“不插电”活动时间。

其实，电子产品就像硬币的两面，不能否认它可能会带来的负面影响，但也不要完全抹杀它的正面作用。所以，电子产品不是不能给孩子用，关键要看怎么用。

解决方案

◎ 给孩子选择适合的视频内容

研究表明，大约从 18 个月开始，孩子能够通过视频内容的反复再现，逐渐学会如何通过观看视频吸收信息。所以，从 18 个月开始，可以给孩子看视频，但是要注意筛选内容。

美国曾做过一项调查，结果显示，3 岁之前观看暴力或娱乐性的电视节目，5 年后注意力出现问题的风险有所增加；而当孩子们观看优质的教育类节目时，内容与注意力问题之间的联系就消失了。

所以，我们应选择需要孩子与之互动的教育性内容，比如，选择制作精良的动画片、专题片和纪录片，这些内容可以给孩子带来快乐，培养审美趣味并开拓孩子的视野，只要控制好观看时间，对孩子没有什么坏处。

这些坑不要踩

✕ 解放自己，放任孩子看电子产品

在很多家庭中，电子产品成了不可或缺的育儿“神器”。家长在手忙脚乱、应接不暇的时候，往往会选择给孩子打开电视或手机，让孩子独自玩耍。久而久之，孩子会对电子产品产生依赖，而且长时间看电子产品，会导致孩子活动时间减少，影响他们大动作和精细动作发展。

✕ 把电子产品当成惩罚方式

有些家长会把“禁止使用电子产品”当成对孩子的一种惩罚方式。比如，用关掉电视来惩罚孩子不听话的行为。这种做法是不可取的，这样做反而会让孩子觉得电视很重要，会更多地关注、迷恋它。

◎ 和孩子一起看，并担任解说

在挑选好视频内容后，家长要和孩子一起观看，可以一边看一边向孩子问一些开放性的问题，比如，“你觉得为什么他能做到？”“如果是你，你会怎么做？”

还可以把视频中的情节与孩子的现实生活联系起来。比如，看到如何处理生气情绪的视频时，可以问问孩子：“你生气的时候是什么感受？”“怎样做可以变得不那么生气呢？”

看完视频后，帮助孩子简单概述一下主要情节，聊聊观后感。

◎ 限定孩子的“屏幕时间”

1. 遵循 1 ∶ 5 原则制定“屏幕时间”。所谓 1 ∶ 5 原则，指的是孩子玩电子产品的时间与其他活动的时间的最佳比例为 1 ∶ 5，即每给孩子 1 分钟的电子产品使用时间，就应该安排 5 分钟做别的事情，可以与人交谈、玩手动创造力玩具、阅读、讲故事，或进行户外活动、休息等，从而转换大脑的思维模式，平衡现实与虚拟世界的沟通关系。

2. 在家里规定一个“无电子产品区和时间”。先要以身作则，对自己观看视频的时间有所控制，把空出来的时间多安排“不插电”的活动。

比如，规定在家里吃饭时不许看电视，不许看手机，一家人好好聊聊天；或者在卧室不许玩电子产品，可以读读书等。

3. 电视不看了就要关掉。很多家庭习惯电视从早到晚一直开着，甚至没人看也开着，这对孩子的语言和专注力都有影响。

研究发现，背景电视会阻碍孩子语言能力的正常发展。这是因为开着电视会使得父母在亲子互动过程中使用的词汇（包括新词汇）和让孩子锻炼的数量明显变少。而父母给孩子的词汇输入越少，孩子语言发展越滞后。

另一项研究表明，孩子在有背景电视的房间玩耍，每分钟会看 3 次屏幕。这就是说，每 20 秒钟孩子会开一次小差去看一下屏幕，接着再回来玩。

所以，如果不看电视就关掉。

4. 不要用电子产品来安抚孩子。孩子哭闹的时候，给他看个视频，他就会安静下来，因此很多家长把电子产品当成“保姆”，但是经常这样，会让孩子更难管教，也让孩子失去学习自我调节和管理情绪的机会。所以，如果一定要把看视频和孩子的表现联系起来，那也应该是对正面行为的鼓励，而不是用于安抚孩子的哭闹。

可以马上做的三件事

- ✔ 减少自己看电视、玩手机的时间，多陪孩子看书、讲故事、做游戏。
- ✔ 给孩子规定使用电子产品的时间。
- ✔ 帮孩子筛选优质视频内容，尽可能与孩子一起看。

和孩子对话，巧用“我”信息

你可能
遇到的问题

- 越忙孩子越捣乱，忍不住对孩子吼“你能不能自己玩一会儿”，看孩子委屈的样子又心疼
- 不想冲孩子吼，可是好好说话时孩子又不听

以“你”字开头的说话方式，通常被称为“你”信息。“你”信息往往会导致无效沟通，亲子沟通应该多用“我”信息。

什么是“我”信息

亲子沟通是亲子关系的重要组成部分，良好、有效的亲子沟通，可以增进亲子感情，减少不必要的争吵和矛盾。在生活中，很多家长无法掌握正确的沟通方式，习惯使用命令、指责的语气对孩子说话，常常把“你就不能乖一点儿吗？”“你自己玩会儿行不行”“你不应该那样做！”这类话挂在嘴边。

这种以“你”开头的语言信息，被称为“你”信息。“你”信息传递出的通常是对孩子指责和拒绝的态度。这种信息不仅无法让孩子意识到自己做错了什么，还可能会对他造成感情上的伤害，导致沟通无效，甚至会破坏亲子关系。

所以，在与孩子沟通时，要尽量避免使用“你”信息，而多使用“我”信息。

“我”信息是美国心理学家托马斯·戈登提出的一种沟通方式。简单来讲，就是在跟孩子说话时，要多用“我”开头的句子，而不是“你”开头的句子，直接告诉孩子我们最直接的感受和需求，而不是指责和评判孩子。“我”信息没有伤害性，通常只表达自己的现状与需要，不对他人行为做评价，这样做反而会让孩子意识到自己的哪些行为对你造成了影响，激励孩子自发改变。

如何使用“我”信息

用“我”信息跟孩子沟通一共有三个步骤，分别包含三个关键信息：行为、感受和影响。

◎ 第一步，不做评价地描述事实或行为

家长需要客观、具体地描述孩子所做的事或所说的话，而要避免对他的行为做出评价。比如，当你被孩子打扰时，要指出他的哪些行为干扰了你，可以这么描述：“你拽我胳膊，在我身上爬来爬去，不停地在我耳边说话……”而不能只说“你这么做真不懂事！”“这么做真讨厌！”等。

因为前者描述的是孩子无法反驳的客观事实，后者只是对他行为的一种解读和评判。比起评判，孩子更容易接受客观事实。

◎ 第二步，用“我”字开头表达真实感受和需求

描述完孩子的行为后，你需要告诉孩子自己的真实感受和需求。注意，这里一定要用“我”开头。比如，你可以这样说：“我现在很累，很想休息。我不喜欢在休息的时候被打扰。”听到这些话，孩子自然会关注你的感受和需求。

但如果你说：“你真是快把我烦死了！你这么做我很生气！”那孩子接收到的就是指责，这样的指责可能会被他自动屏蔽，也可能会引起他反感和对抗的情绪。

◎ 第三步，明确指出该行为造成的影响，并对他提出要求

在描述完行为和感受后，还要让孩子知道，他的行为对你造成的具体影响是什么，让他理解你为什么不能接受他的这种行为，并指出希望他怎么做。

比如，你可以这么说：“当你在我身上爬来爬去时，我没有办法休息，休息不好，我就没有心情和力气陪你玩了，我希望你能安静一会儿。”而不是直接说“你这样让我很烦！”或“你让我没法休息！”等。

通过用“我”信息和孩子交流，向孩子传达的是自己的真实感受和需求，而不是指责和拒绝。这样的表达直接而明确，能够避免孩子的“二次解读”，同时也把“接下来怎么做”的主动权交给了孩子，让孩子感受到尊重和信任，激励孩子自发改变。

如何进行“我”信息训练

在与孩子沟通时，家长要注意多用“我”开头说话。如果语言习惯不好转变，还可以做一些辅助训练。

比如，可以回想一下孩子惹你生气的场景，在这些场景里你最常对孩子说的话有哪些，把这些话一句句写下来，并把每一句话都转换成“我”信息。

比如，把“你这孩子真让人操心”转变成“我很担心你”；把“你又把屋子搞得乱七八糟的”转变成“我看见屋里到处都是玩具，你没有按我们说好的收拾玩具”；等等。

坚持一段时间后，你会发现自己的“我”信息用得越来越熟练。

可以马上做的三件事

- ✔ 用“我”信息三步法和孩子进行一次沟通。
- ✔ 日常多注意用“我”开头的句子进行表达。
- ✔ 回想自己曾经在冲突场景中说过的话，把它们写下来，转化成“我”信息。

2 岁的孩子还吃手要管吗

你可能
遇到的问题

- 孩子都快 2 岁了还吃手，要不要纠正
- 孩子特别爱啃手指头，手指都快被啃秃了，怎么让他改掉这个习惯

如果孩子只是偶尔吮吸手指，属于正常现象；但如果孩子大部分时间都在吃手或影响了手部健康，则需要引起重视，采取措施。

孩子为什么喜欢吮吸手指

1 岁之前，孩子把手指放进嘴里吮吸，我们觉得很正常。甚至在几个月的时候，我们还鼓励孩子吮吸手指，因为这是孩子自我安抚的一种方式。现在，我们想让孩子改掉这个习惯，因为觉得他已经长大了。其实，在这个阶段，孩子想要独立，但是对世界又充满不安，他更需要有个熟悉的朋友支持他，给他安慰。这个朋友可能是小毯子、毛绒玩具，也可能是他的手指，鼓励他去探索未知的世界，这种熟悉的安全感也能让他逐渐脱离父母独立起来。孩子想吮吸手指，大多是在他内心的独立和依赖斗争最激烈的时候，或是很疲倦、发脾气、不舒服或感到无聊的时候，通过吮吸手指可以得到安慰。

所以，这个年龄的孩子吮吸手指是正常的。美国儿科学会的观点是，在 5 岁之前吃手是不需要干预和处理的。

但是，除了年龄界限以外，还有四个因素要考虑：第一，如果孩子在一天的大部分时间里都会吮吸手指；第二，对口腔发育造成了负面影响；第三，阻碍了孩子的语言交流、发育、社交互动；第四，若明显影响了手的健康，那不管宝宝多大，都要进行习惯戒除。

解决方案

◎ 关注孩子吮吸手指的原因，对症处理

孩子吮吸手指有个普遍原因，那就是“太无聊了”。如果给孩子安排一些需要双手做的事，比如画画、荡秋千等，让孩子的手忙活起来，他自然就没空吃手了。比如，有的孩子看电视的时候就会吮吸手指，那就不让他看电视，陪着他玩，陪他画画、捏橡皮泥，让他占着手，慢慢地这个习惯就改掉了。

也有的孩子突然吃手是因为焦虑，研究发现，类似吮吸手指、啃指甲、扯头发、撞头等重复的自我刺激性行为，是一种调节环境刺激的内稳态机制。也就是说，当孩子受到来自外部环境的刺激时，有可能会通过吃手来调节自己的情绪。比如，搬家、上幼儿园，或者家里有了弟弟妹妹等，导致生活环境突然发生变化时，都可能诱发孩子的吃手行为。这时家长要多陪伴、安抚孩子，缓解他内心的不安，慢慢帮他改掉吃手的习惯。

◎ 和孩子做一个秘密约定

孩子吃手时，如果只是简单地制止，比如对孩子说“把拇指从嘴里拿出来”，这样的效果并不好。可以和孩子做一个秘密的约定，比如约定的提示是把拇指攥成拳头，那当妈妈发现他吮吸手指时，只需要轻轻地摆摆手，再把手攥成拳头就行。用这种方式来提醒孩子，可以让孩子更容易接受，也不会产生压力。

◎ 提供替代品

如果孩子是在白天吮吸手指，那可以给孩子提供需要咀嚼而且有营养的点心。如果晚上睡觉时孩子喜欢吮吸手指，那可以给他引进一个新的安抚物，比

如毛绒玩具、小毛毯等，也可以用聊天、唱儿歌等方式来满足孩子吮吸的需要，帮助他分散吃手的注意力。

◎ 给孩子正面鼓励

改掉吃手的习惯并不是一件容易的事，家长要多关注孩子的进步，经常鼓励孩子。可以跟孩子说：“宝宝已经是大孩子了，所以不吃手了，太棒了！”或者说：“妈妈刚才看见你把手放进嘴里，但是很快就拿出来了，宝宝越来越棒，妈妈为你骄傲。”

有时候，正面鼓励要比不断纠正更有效。正面行为强调得越多，孩子就越容易放弃吃手这一婴儿期的习惯。

◎ 采取强制性方法

如果孩子吃手的习惯很难改掉，甚至已经把手指嘬秃，影响了手指健康。这时候，家长就要考虑用强制性的方法让孩子放弃吃手行为。比如，可以用绷带或手套包住他的小手；或者在他常吮吸的手指涂上有味道的东西，让孩子吮吸手指时不那么舒服，慢慢帮他改掉吃手习惯。

可以马上做的三件事

- ✓ 根据孩子吃手的频次、状态，判断是否需要干预。
- ✓ 给孩子一个安抚的替代品。
- ✓ 和孩子约定一个暗号，孩子吃手时提醒他。

10

22～24个月的宝宝

孩子打人怎么办

你可能
遇到的问题

- 孩子爱动手，玩着玩着就会因为一个玩具争抢起来，你推我一把，我打你一下
- 妈妈抱着孩子，孩子冷不防就在妈妈肩膀上咬一口，还望着妈妈笑

遇到这种情况，很多家长马上就警觉起来，担心孩子有攻击性。其实，这个阶段孩子打人是正常反应。

孩子打人的原因

1. 语言表达不完善。如果孩子本能地觉得自己受到了侵犯，又不会说“我很生气”或“把我的玩具还给我”这样的话，就有可能通过动手更直接地表达出自己的想法。

2. 缺少社交技能。有时候，孩子想跟小朋友们一起玩，可又不知道如何用正确的方式加入，只好硬着头皮往里挤，于是就出现了推搡、打人等行为。

3. 打人带来的反应，会刺激孩子更频繁地动手。当孩子伸出小手打人时，有的大人会觉得好笑，不仅不干预，反而哈哈大笑，这种反应会让孩子觉得自己的行为是被鼓励的。他为了得到大人的认可，就会频繁出现打人的行为。

这些坑不要踩

✗ 贴标签

有些家长觉得打人是万万不可的，一看到孩子打人，就给他贴上“坏孩子”的标签。其实从发展规律来看，这个阶段的孩子出现打人、咬人行为是正常的。进入这个月龄，孩子开始有主见，但是语言发展又不完善，想吵架也说不出来，这时候，他会发现动手比动口更方便，从而出现打人的行为。

✗ 放任不管

有些家长觉得孩子打人、咬人很正常，干脆放任不管。这样有可能导致孩子的攻击性行为愈演愈烈，甚至影响他的社交生活。所以，当孩子打人、咬人时，家长一定要查找原因，正确引导。

✗ “打回去”

有些家长认为，如果被孩子打了一下，应该“打回去”，让孩子知道打人很疼后，下次他就不会打了。其实，这个阶段的孩子还处于自我中心阶段，并不能理解他人的感受。相反，“打回去”会让孩子学会以暴制暴，学会用暴力解决冲突、争端或宣泄愤怒。

解决方案

◎ 表示理解，引导行为

当孩子因为抢玩具而打人、咬人时，我们要让他知道爸爸妈妈能理解他，但是不能接受打人的行为。具体引导方法如下：

1. 终止攻击行为。在发生攻击行为的当下，应该立即做出坚决、冷静的反应，将孩子拉开，坚定地告诉他："不能打人，会疼。"

2. 帮助梳理情绪。如果孩子很生气，我们要帮助他说出他的感受，让他平静下来。比如，我们可以这样说："小朋友抢你的玩具，你很生气，对吗？"这其实是在命名情绪，帮助孩子明白自己行为背后的情绪是什么。孩子只有先了解情绪，才能学会控制情绪。

3. 教孩子用语言表达。我们要让孩子知道打人带给别人的影响，同时教他正确的表达方式，比如大声说"我很生气""我不同意"。玩角色扮演游戏或者读绘本都是不错的方式。

另外，在孩子玩耍的时候，我们要始终密切监督。即使孩子的小手很难伤害别的玩伴，但他如果手里拿着玩具，还不分轻重地砸过去，那么我们一定要及时出面，把起冲突的孩子分开。因为这个阶段的孩子经常"一言不合就动手"，并不具备自己处理冲突的能力。

◎ 正确表达友好，"预习"分享

1. 我们要教孩子正确表达友好。有的妈妈对孩子表达爱时，喜欢轻轻地咬孩子，或者拍打他的屁股。这种表达亲昵的方式会让孩子误以为这就是表示友好互动的方式，当他遇到自己喜欢的朋友时，也会用同样的方式来表达。但是，孩子还不能掌控自己的力量，很容易没轻没重。所以，我们自己先要改变向孩子表达爱的方式，同时教孩子如何表达友好，比如轻轻地握小朋友的手、打个招呼等，这些都可以成为他语言表达不完善时的替代方式。

2. 跟孩子玩按顺序轮流玩的游戏。通常来说，孩子到 3 岁才能真正做到分享。现阶段，我们可以和他玩一些简单的、需要按顺序轮流玩的游戏，提前为这个目标做准备。比如抚摸宠物时，我们告诉孩子："轮到我了。"等我们摸了一会儿后，对孩子说："轮到你了。"等他摸了一会儿后，我们再对他说："又该我了。"我们可以让孩子玩的时间比我们稍微长一些，这样他慢慢就会愿意按顺序轮流玩了。

◎ **及时干预，不过度反应**

孩子打人时，如果家长的反应很激烈，可能会让孩子重复这样的行为，以博得更多的关注。因此，看到孩子打人，我们要及时干预，但是不要过度反应。

我们可以试试这个方法：把他带离现场，和他面对面坐下，用力抓住他的肩膀和上臂，限制他的活动。如果他露出微笑或笑出声，不要给他友好的回应，以免让他误以为这是一种游戏。在孩子开始表示不满时要再坚持 15 秒，这时他可能会表现出越来越强烈的反抗，但我们一定要坚持等到 15 秒结束，然后告诉他这样做的原因，不用讲太复杂的原因，只需要告诉他我们不喜欢他的哪些行为。

如果孩子在跟某些小朋友一起玩的时候总出问题，那就要想想他是不是不适合与这些孩子玩。如果孩子总是去打小伙伴中的某一个或某两个，也许就该帮助他找一些新伙伴了。尽量带孩子和他的伙伴到大一点儿的公园去玩，孩子跑着玩的空间越大，彼此发生摩擦的可能性就越小。

可以马上做的三件事

- ✔ 鼓励孩子正确表达，比如想和小朋友玩时，要说："我可以和你一起玩吗？"
- ✔ 教孩子一些表达友好的正确方式。
- ✔ 和孩子玩一个按顺序轮流玩的游戏。

如何提高孩子的记忆力

你可能遇到的问题

- 发生过的事情，再问孩子时他却不记得
- 知道记忆力很重要，但不知道怎么帮孩子提高

其实，这个月龄的孩子不记事是很正常的。想提高他的记忆力，我们先要知道记忆力的划分和特点。

记忆力的划分

心理学上对记忆力有多种划分方式，最常用的是根据记忆的时间长短，将记忆分为短期记忆和长期记忆。

◎ 短期记忆

短期记忆相当于大脑的便签条，用来短暂储存对事物的记忆，一般只能维持几秒到几小时。比如，我们打电话拨号的时候，通常会默念一遍电话号码，然后迅速拨号，拨完号就再也想不起所拨的电话号码了。在这个过程中，我们启动了短期记忆，就像把电话号码随手写到便签条上，当时用完就丢了。

◎ 长期记忆

长期记忆相当于大脑的“仓库”，用来长久地储存记忆。孩子能不能记住一些事情，主要看这件事有没有被他放进长期记忆这个“仓库”里。因此，短期记忆虽然十分重要，但通常我们更在意长期记忆，也就是真正能记住的事情。

记忆力的特点

◎ 短期记忆随月龄增长而发展

刚出生的孩子记忆时间短，所以他不认生，谁抱都可以；6 个月左右的孩子开始认生，就是因为他能记人了，可以区分熟悉的人和陌生人；8 个月后，他开始有了客体永久性的概念，会延迟模仿；2 岁的孩子能执行两步指令，也说明他短期记忆的发展，能记住要干什么。

◎ 2 岁以前主要靠短期记忆记事

从大脑发育的规律来说，2 岁以前的孩子主要靠短期记忆记事。这是因为长期记忆的发展跟大脑的前额叶皮质和海马体密切相关，而这两个部位发育慢、成熟晚，这就从硬件上决定了，要孩子长期记忆是一件困难的事。

一般情况下，除非是孩子自己对一件事印象特别深刻，或者我们刻意去引导，否则，2 岁以前的孩子很少会主动把短期记忆转变为长期记忆。

◎ 2 岁以后“自传体记忆”增强

有研究表明，孩子 2 岁以后，因为语言和认知能力大大提高，“自传体记忆”（生活中发生过的跟自己有关的记忆）会增强，“自传体记忆”是长期记忆的一种。但是，这个阶段的孩子最多只能记住几周内发生的事，而且一般需要我们的正确引导才能记起来。

解决方案

◎ 在多种场景下重复

孩子跟我们不一样，无法根据对事物的理解和规律去有意记忆，能让他记住的，一般都是印象深刻，或者在面前重复出现的事物。所以，想提高孩子的记忆力，最有效的方式之一就是重复。

在不同的场景中经常性地重复。比如，想让孩子记住单词“dog”，我们要做的不是在教他的时候重复多少遍，而是指着绘本上的小狗告诉他：“This is a dog.”出去散步，见到迎面走来的小狗，我们要对他说：“Look，here comes a dog!”动画片里出现了小狗，我们也要提醒他：“Oh，that’s a dog!”这样，孩子很快就能记住“dog”这个单词。

◎ 帮孩子建立联结

除了通过重复达到记忆的目的，还可以把新的信息和已有的信息之间建立联结，很多人在记单词时喜欢用“谐音记忆法”。比如，单词“scowl”的中文意思是皱眉头，因为它的发音很像“思考”，我们在记的时候，就可以把“思考”和“皱眉头”联系到一起，在大脑中想象一个人在思考时皱眉的画面，这样我们只要一想到思考，就能记起 scowl 是皱眉头的意思。

成人因为经历丰富，很多时候大脑会自动把新知跟旧知联系到一起，但是孩子因为生活经历和认知能力有限，在首次认识一个新事物时，很难自己去创建联结，这就需要我们的引导。

比如，孩子在首次接触“海洋生物”这个词时，我们可以指着图片上各种各样的鱼告诉他：“你看，这些鱼都生活在大海里，它们都是海洋生物。”我们再指着海豚、海龟、贝壳等孩子已经认识的海洋生物告诉他：“它们虽然长得不一样，但是都生活在海里，所以它们也是海洋生物。”这样，孩子在大脑中很快就会把“海洋生物”这个抽象的词跟和大海有关的东西联系到一起，下次见到海豹时，说不定他就能告诉你这是海洋生物了。

◎ **拆分信息，让孩子分块记忆**

因为孩子的大脑容量有限，无法记住太多的东西，所以我们在给孩子传递信息时，需要把大段复杂的信息进行拆分，一步一步地传递。

比如，我们想让孩子睡觉前做几件事：收玩具、洗澡、换睡衣、读故事，这 4 件事分别代表 4 段独立的信息。如果把这些信息一下全告诉孩子，他很难记住，就可能哪件事都做不了。所以，我们要把信息进行拆分，提醒他先收玩具，等收完玩具，再让他洗澡，接着换衣服，上床准备听故事。这样重复一段时间后，孩子就记住这个流程了。下次，我们只需要提醒他："收完玩具要干什么呢？"他自己就能记起来，就不需要你催了。

可以马上做的三件事

- ✔ 重复给孩子读一首儿歌，请孩子说关键词。
- ✔ 使用新旧知识联结法，教孩子一个新概念。
- ✔ 把孩子睡前要做的事进行拆分，依次提醒他去做。

早期性教育如何做

你可能
遇到的问题

- 孩子开始好奇“为什么妈妈有乳房，我没有”
- 弟弟看到姐姐穿裙子，也嚷着要穿裙子

性教育是家庭教育中必不可少的一环，性教育没做好，可能会影响孩子的自信，影响孩子长大后亲密关系的建立。

性别认知发展阶段

2 岁左右，孩子开始意识到男孩和女孩之间的身体差异，注意到男女在生理上的区别。相比而言，女孩理解性别类型要比男孩早一些。

3 岁之前，大部分孩子能够清晰地表达“我是男孩”“我是女孩”。但是，在这个阶段的孩子眼中，性别是可以“变化”的。

4 岁左右，孩子自己的性别意识基本稳定，之后他们会通过更加明显的行为来展示他们的性别认同，比如区分哪些是“男孩该做的事”，哪些是“女孩该做的事”等。

到了 5 岁，孩子会建立“性别恒常性”的概念。这时候，他们才会理解性别并不是由穿什么衣服、做什么事情而决定和改变的，男生与女生之所以不同是因为生理特征不同。

当孩子发现男孩和女孩的身体是不同的，比如男孩站着小便，女孩蹲着小便；或者当他们开始好奇自己的身体部位，比如“为什么妈妈有乳房，我没有”的时候，就是对孩子进行性教育启蒙的最佳时机。

解决方案

◎ 不回避孩子提出的性问题

当孩子提出和性有关的问题时，家长不必羞于启齿，可以借助图片、绘本或生活场景，用简单、准确的语言帮助孩子认识自己的身体。比如，告诉他身体部位的名称，女孩和男孩的身体有什么不同等。

在教孩子认识自己的生殖器官时，家长一定要告诉孩子，内衣、泳衣覆盖的身体部位是非常重要的，除了父母和医生之外，其他人都不能触碰，如果有特殊情况，要第一时间告诉爸爸妈妈。

◎ 认同孩子的现有性别

作为家长，我们不能根据自己的喜好，不顾孩子的性别给孩子随心打扮。比如，给男孩穿裙子，把女孩装扮成男孩等。不能经常把“你要是男孩就好了”“女儿多乖呀”这样的话挂在嘴边。

这些对孩子性别的期待和偏好，会让孩子产生长期的心理暗示，不知不觉产生相应的性别角色认同和期待，导致孩子在性别角色形成的过程中产生性别错觉和混乱。

比如，如果妈妈经常在儿子面前表现出对女孩的喜爱，儿子可能会为了赢得妈妈的认同和关爱，偷穿妈妈的裙子，涂妈妈的口红，甚至可能会讨厌自己的性别，想变成女孩等。所以，家长要学会认同孩子的性别，向孩子表达你对他的爱。

◎ 培养孩子与同性父母的亲密关系

让男孩经常跟随父亲玩耍，让女孩经常跟随母亲玩耍，可以帮助孩子认识自己的性别角色，在潜移默化中形成正确的性别角色行为。

如果因为一些客观原因，家里缺乏同性父母的榜样引导，可以请亲戚朋友帮忙。

◎ 不给孩子传达性别刻板印象

简单来讲，性别刻板印象是指社会上对男性和女性角色特征的固有印象，比如“男生天生数学比女生好”“男主外，女主内”等。性别刻板印象体现在对孩子的教育中，就变成了“男孩要勇敢，不能哭”“女孩要温柔、安静”；男孩的玩具应该是汽车、坦克、飞机，女孩的玩具应该是洋娃娃、粉色的小炊具等。

性别刻板印象会影响孩子发展的可能性，甚至会让孩子自身的潜能和天赋被抑制。所以，家长要有一个积极正面的性别观念，不要给孩子传达性别刻板印象。比如，当男孩摔倒时不要说“男孩子不能哭”，给他安慰和拥抱；当女孩子不喜欢穿裙子、玩洋娃娃时，也不要强迫。

可以马上做的三件事

- ✔ 给孩子读一些与身体认知相关的绘本。
- ✔ 向孩子表达：很高兴有他这样一个儿子或者她这样一个女儿。
- ✔ 反思自己是不是有性别刻板印象，在以后的生活中尽量避免传达给孩子。

孩子不爱刷牙怎么办

你可能遇到的问题

- 孩子不愿意刷牙，一说刷牙就大哭大闹
- 孩子很讨厌牙膏，刷牙的时候说什么也不让挤牙膏

每天刷牙很重要，但是孩子会抗拒，会哭闹或讲条件，甚至有的家里，每天晚上的刷牙时间都会爆发一场战争，大人孩子筋疲力尽。

解决方案

◎ 把刷牙变成游戏

通过游戏来培养孩子刷牙的习惯，是一种很有效的措施。比如刷牙时，可以跟孩子玩一个牙刷小火车的游戏：“呜呜呜……牙刷小火车要钻隧道了，张开嘴巴。火车司机要修理隧道里的牙齿电灯啦，一颗、两颗、三颗……”

这样就将刷牙变成一个欢乐的小游戏，同时激发了孩子的刷牙兴趣。

◎ 把刷牙时间具体化

美国牙科学会建议，每天早、晚用含氟牙膏刷牙两次，每次 2 分钟。但是孩子会觉得刷牙时间太长，那可以让孩子看到或感知到时间，比如准备一个两分钟的沙漏，当沙子漏完，刷牙结束；或者数数，约定数到 20 就结束，如果妈妈慢慢数到 18 的时候提前结束，这样孩子会有意外的惊喜。

这些坑不要踩

✗ 刷牙不用牙膏

美国牙科学会建议，从孩子长第一颗牙开始，就可以用含氟牙膏了，因为氟化物能保护牙齿，防止蛀牙。不过，家长也要注意牙膏的用量。比如，孩子在3岁以前，每次使用量不超过米粒大小；3～6岁的时候，使用量为豌豆粒大小即可。

另外，如果牙膏用量适宜，即使咽下去也没关系，家长不必过于担心。一些国外的医生甚至建议，鼓励孩子将牙膏吐出来，但不要用清水漱口。因为用清水漱口会将抹在牙齿上的氟带走。

✗ 放手让孩子自己来

这个阶段的孩子什么事都想自己来，如果让他自己刷，他就不闹了，有的家长乐于清净，就让孩子自己刷，也不管刷没刷干净。美国牙科学会建议：家长要帮孩子刷牙直到7岁，并在孩子10岁前，都需要家长监督刷牙。当然，这个过程中孩子也要练习自己刷牙，但是需要父母再刷一遍。

◎ 看刷牙主题的绘本故事

市面上有很多以刷牙、爱护牙齿为主题的绘本，比如《鳄鱼怕怕牙医怕怕》《牙齿大街的新鲜事》等。读了这些故事，孩子就会知道不刷牙可能会牙疼，还要看牙医，慢慢对刷牙就不会那么抵触了。

如果孩子偶尔耍赖，妈妈就可以读绘本故事来提醒孩子，孩子想起故事里的情节，往往就会配合了。

可以马上做的三件事

- ✔ 检查孩子的牙膏是不是含氟，如果不是，要换成含氟牙膏。
- ✔ 给孩子讲一个和保护牙齿有关的绘本故事。
- ✔ 把读过的绘本故事在刷牙的时候用游戏的方式演绎出来。

孩子为何经常说“我怕”

你可能遇到的问题

- 经常说“妈妈，我怕”，怕打雷、怕小动物，连冲马桶的声音都害怕
- 孩子特别胆小，有时说话声音大了都会被吓到

害怕是一种正常情绪，家长不要给孩子贴上“胆小”的标签。当孩子出现害怕情绪时，家长要学会科学应对。

害怕也能起到保护作用

害怕是一种正常的情绪，每个人都有害怕的时候，不光是小孩，大人也会害怕，有的人怕黑，有的人怕虫子。

儿童心理学家塔玛·琼斯基在《让孩子远离焦虑》一书中提出，如果人不知道害怕，就容易让自己身处险境。也就是说，害怕对我们是有保护作用的，保护我们不去做危险的事情，比如怕高，我们就不会从高处往下跳；怕和妈妈走散，外出的时候就会紧紧地拉着妈妈的手；怕烫，就不会伸手去摸火；等等。所以，害怕对我们是有积极意义的，不要一说害怕就觉得不好。

孩子害怕的对象会随着年龄增长而发生变化，对这个阶段的孩子来说，可能会怕大的响声，像雷声、电钻声，还会怕黑、怕怪物等，这跟他的认知发展有关系。

害怕的原因及解决方法

◎ 想象力萌发

这个阶段的孩子想象力开始萌发，且分不清现实与想象。他们会想象黑夜中有怪物，床底下躲着大怪兽等，所以很多孩子会怕黑，怕未知的角落。

对策：对于这种由想象引发的害怕情绪，最好的办法是将计就计，把怪物赶走。

比如，可以和孩子玩一个“打怪兽”的游戏。由家长扮演怪兽，让孩子来抓怪兽。家长可以躲在窗帘后、衣橱里等各个角落，游戏的过程要尽量轻松，“怪兽”也一定要被孩子抓到、打败。这样玩过几次后，孩子就会觉得自己比

这些坑不要踩

✗ 给孩子贴“胆小”的标签

在孩子出现害怕情绪时，很多家长喜欢给孩子贴“胆小”的标签。心理学研究发现，当一个人被贴上某种标签时，就会做出自我印象管理，使自己的行为与所贴的标签内容相一致，这就是所谓的“标签效应”，也叫作“暗示效应”。

当家长不停地对孩子强调他“胆小”时，孩子就会越来越相信自己“胆小”，反而出现更多害怕行为。

✗ 强迫孩子勇敢

很多家长喜欢强迫孩子“勇敢”，总认为“这有什么好怕的”，强迫孩子靠近他害怕的东西。这样不但不能缓解孩子害怕的情绪，还会增强孩子的恐惧感。有时，孩子害怕的东西在大人眼里很不合理，但对孩子来说却合乎情理。

所以，当孩子害怕时，不要用“这有什么好怕的”来否定他的感受，不要让他认为“害怕”是一种不好的情绪，这样可能会阻碍孩子处理和应对强烈负面情绪的能力。

怪兽还厉害，渐渐不再害怕怪兽。

◎ 认知水平有限

孩子害怕的另一个原因是认知水平有限。比如，有的孩子害怕打雷，有的孩子害怕马桶冲水的声音，有的孩子害怕装修时电钻的声音，等等。因为对他来说，这些声音是陌生的、未知的，潜藏着危险。

对策：家长要帮助孩子补齐认知缺口。比如，用孩子能理解的话向孩子解释为什么会打雷，并保证他是安全的。如果孩子害怕马桶冲水的声音，可以试着让他往马桶扔几张纸巾，在他准备好时，鼓励他按下冲水键。总之，家长在面对孩子因为认知水平有限而产生的害怕情绪时，最好的方法是让孩子了解他所怕的事物，孩子有掌控感后就不会害怕了。

◎ 人为因素

孩子产生害怕情绪，还有两个人为因素，其中一个是家长的“吓唬”。

很多家长喜欢吓唬孩子，比如“你再哭就叫医生给你打针”“你再不走快一点儿，小狗就把你叼走啦”。像这种简单、粗暴的吓唬也许能暂时控制住孩子的行为，但也会让孩子产生恐惧情绪，导致一看到医生就哭，认为小狗一定会伤害自己。家长的“吓唬”会影响孩子的安全感，放大孩子的恐惧心理。

另一个人为因素是“情绪传染”，即大人的害怕情绪会“传染”给孩子。比如，妈妈一看到虫子就大呼小叫，孩子受到妈妈情绪的影响也会跟着害怕。

对策：不要吓唬孩子，当孩子经常说“我怕”时，家长也要自查，如果发现“情绪传染”情况时，要及时做出调整。

可以马上做的三件事

- ✔ 当孩子说“害怕”的时候，把他抱在怀里，告诉他有害怕情绪是正常的。
- ✔ 跟孩子玩一次打怪兽的游戏。
- ✔ 想一想你害怕什么，避免把自己的害怕情绪传染给孩子。

孩子做错事，如何正确批评

你可能
遇到的问题

- 对孩子来说，批评好像根本不管用，今天知道错了，明天接着犯
- 一批评孩子就哭，说”妈妈不爱我了“

每个孩子都会犯错，犯错就要受到批评。批评的目的是让孩子意识到自己的错误，并让错误成为孩子学习的机会。但是，并不是所有的批评方式都能起到这个作用。

不同批评方式造成不同影响

心理学家想知道不同的批评方式对孩子行为的影响，曾对幼儿园的孩子做了情景模拟实验，设定被测试的孩子犯了错误或者失败，老师做出不同的反应。

第一种情况是对个人批评，比如“我对你很失望”。

第二种情况是结果批评，比如“这样做是不对的，因为……”

第三种情况是过程批评，比如“你或许可以想出其他更好的方法来做这件事情”。

结果显示，针对个人的批评，比如对孩子说“我对你很失望”的结果是最糟糕的。针对过程的批评，比如相信孩子能想出更好的办法，能让孩子更自信。

如何正确批评孩子

◎ 批评孩子也要让孩子感受到爱

《正面管教》的作者简·尼尔森提出了“正面管教”的概念，她认为在纠正孩子的行为之前，应该先建立情感联结。因为孩子只有先感受到好，才会做得好。“让孩子感觉好”，并不是说家长要对孩子有求必应，而是学会对孩子说“我爱你，但答案是‘不’”，在纠正孩子行为的同时，也要让他感受到父母的爱。

◎ 把孩子的行为和孩子这个人分开

不管孩子做了什么，你都爱他这个人，但并不是所有的行为都被接纳，错误的行为也要纠正。

这些坑不要踩

✗ 情绪失控

批评孩子时，有些家长容易控制不住自己的情绪，对孩子大吼大叫，各种不满和指责脱口而出，忽视了孩子的感受。这种宣泄情绪式的批评，不但不能达到教育的效果，还容易伤害孩子的自信心、自尊心，引起孩子的逆反。

✗ 以爱威胁

当孩子犯错时，家长经常会说：“你再不听话，妈妈就不喜欢你了！”“你再这样做，我就不要你了！”这种威胁式的话会让孩子产生“妈妈不爱我了”“妈妈不喜欢我了”的感受，影响孩子的安全感。即使这种批评能暂时改变孩子不好的行为，也并不是因为他知道这样做不对，而是因为担心失去妈妈的爱。所以，想让孩子真正认识错误，就不要用爱来做交换，不能将爱变成威胁工具和惩罚手段。

在绘本《我永远爱你》中，阿力问妈妈："如果我做了坏事，你也爱我吗？"妈妈回答："我还是会爱你的。"阿力又问："那如果我跟乔乔用枕头打仗，把里面的羽毛弄得满天飞，你还会爱我吗？"妈妈说："我还会爱你，但你必须把所有的羽毛都捡回来。"这样的对话有很多句，每一个"我爱你"都是对孩子的爱，而之后的转折"可是"，都是在提醒孩子，你这样做会引起什么后果，你要对自己的所作所为负责，为自己的错误和过失承担后果，要尽可能想办法恢复或弥补，这就是把行为和人格分开。

◎ 把错误当成学习的机会

当孩子犯错的时候，用正面总结"有效点"的方式，带着孩子进行"有效犯错"的思维训练。

首先和孩子一起复述整件事情，给这次错误定性，属于"有效"还是"无效"。衡量标准是孩子从中收获了什么样的长远价值。

然后，引导正面总结"有效点"。比如，当孩子走花坛边沿，摔下来后下次就不敢走了，以后孩子可能不会再因为"走花坛边沿而摔跤"。但这是通过犯错带来的负面导向作用影响孩子未来的行为，他可能避免了在花坛边沿摔倒，却无法避免下次被树枝绊倒、从沙石路上滑倒等。

正确的做法是从一次错误中去正面总结"有效点"。比如，不能走花坛边沿是因为那儿太窄了，那可以走的路是怎样的呢？对比大家常走的大道、小径，和孩子一起总结出 5 个条件：宽敞、平坦、摩擦力大、人车分流、光线强。这样孩子就不会一直犯同类型错误，而是快速找到正确的道路，找到成功的方法。

◎ 让孩子乐于接受批评

为了让孩子对批评不那么抗拒，还可以使用一点儿小技巧。

巧用"三明治"法

与孩子沟通时使用 Positive（肯定）–Negative（否定）–Positive（再肯定）的步骤，这个结构像三明治一样的沟通方法能让孩子更配合。

比如，当孩子不想分享玩具，而和小朋友发生争执时，可以这样做：

1.Positive：批评孩子前，先说他的优点。比如，“宝宝和小朋友一起玩的时候，总是喜欢分享”。

2.Negative：就事论事，不翻旧账，只讲当前发生的这一件事情。“宝宝不想分享这个玩具也没有关系，但是不能动手打小朋友”。

3.Positive：最后要鼓励一下。比如，“宝宝一定会做得更好！妈妈爱你”。

善用“软批评”法

这个方法既能让孩子明白自己的错误，又不会让他感觉很糟糕。该方法分为三步：

第一步：为孩子的行为找借口。比如，对孩子说“我知道你不是故意”“你本来是想帮妈妈”等，让孩子知道，你相信他的本意是好的。

第二步：告诉孩子为什么是错的。比如，告诉他“你打小朋友，小朋友会疼”，让孩子意识到自己的行为不对，但不要让他觉得自己是个坏孩子。

第三步：及时弥补错误，让错误成为学习机会。比如，对他说“你觉得怎么做可以让小朋友感觉好一点儿呢？”如果孩子想不到，可以适当提醒。当孩子努力弥补错误时，一定要表扬他，强化孩子好的行为。

可以马上做的三件事

- ✔ 引导孩子在错误中学会总结“有效点”，把错误当成学习的机会。
- ✔ 批评孩子时，不要再说“妈妈不喜欢你”或“妈妈不要你”等。
- ✔ 孩子犯错时要学会控制自己的情绪，只批评孩子的行为，不针对孩子的人格。

11

24～26个月的宝宝

孩子内向、慢热怎么办

你可能
遇到的问题

- 孩子性格内向，不爱说话
- 胆子小——到新环境就躲在妈妈身后

每个生命都是独一无二的，有它先天的秉性，也就是气质。唯有真正了解孩子的气质，不同的孩子采用不同的教养方式，才能做到“因材施教”。

趋避性具有重要参考价值

趋避性是气质中一个有重要参考价值的维度。所谓趋避性，指的是当孩子第一次面对新鲜的人或者事物时的反应。这里的“避”是指谨慎躲避；而“趋”正好相反，是主动好奇的意思。所以，“趋避性”是指孩子对新鲜的人或者事物表现出来的是更加主动好奇，还是谨慎躲避的行为状态。

对陌生的事物，如果孩子需要观察一段时间才能接受，说明他的趋避性偏“避”或者“避度高”，也就是我们常说的“慢热型”或“谨慎型”。相反，如果孩子对新鲜的事物表现出的是主动和好奇，那我们说孩子的趋避性偏“趋”，也就是我们常说的“自来熟”。

解决方案

◎ 事先热身，循序渐进

如果孩子是慢热型的，我们需要给足时间，带他熟悉新鲜的人和事物，温和地让孩子一点点地接受。比如，在孩子入园前，我们经常带他去幼儿园里走动，培养他对新环境的好感；入园后，早点到校，多给他点时间慢慢熟悉班级里的小伙伴。

再比如，有的孩子会拒绝没吃过的食物，这个时候，我们先吃给他看，然后再让他闻一闻、摸一摸，鼓励他舔一口，从少量开始，慢慢地他就能接受了。

这些坑不要踩

拿别人家的孩子做比较

有些家长看到别的孩子活泼主动，就觉得比自家“慢热型”孩子好。事实上，气质不分好坏。一个慢热的孩子可能会有更强的专注力和观察力，也就是说，“慢热”或者“内向”只是一种“特点”，而不是“缺点”。

想要孩子改变自身气质

有些家长希望孩子按照自己的期待，由“内向”转为“外向”，从“慢热”变成“自来熟”。然而，气质是相对稳定的，一个先天内向的孩子很难变成外向的孩子。另外，即便气质很大程度上来自遗传，但孩子的气质和父母并不会完全相同。如果家长将自己的期待投射在孩子身上，往往是亲子冲突的起点。

认为慢热的孩子适应度低

有些家长看到孩子面对新的人或事物，表现出躲避或者后退的行为状态，就认为他适应度低。其实，慢热的孩子只是需要多花一些时间观察情况，他们习惯三思而后行。对于“趋避性”概念的解释中，“第一次”这个词很关键，说的是孩子面对新鲜事物时最开始的状态。比如刚认识一个人时，我们觉得他很腼腆、内向，但相处久了，会发现他跟熟人其实也是可以侃侃而谈的。所以，孩子慢热不代表他在新环境中难以适应，这和适应度是两码事。

◎ 接纳情绪，缓解焦虑

当孩子表现出害怕的时候，千万不要对他说“这有什么可怕的”，这样不但没有鼓励孩子，反而让他觉得害怕是一种不对的情绪，导致他更加焦虑。正确的做法是，抱着孩子，对他说：“妈妈知道你有点儿害怕，因为这个环境很陌生，对吧？没关系，害怕很正常，妈妈小的时候也经常害怕，我抱抱你吧。”当孩子感觉到自己的情绪被接纳了，自然就不那么焦虑了，他会慢慢地找回尝试的勇气。

◎ 陪伴尝试，告知危险

“自来熟”的孩子在面对新环境时，可能一下子就融入了。但我们也要注意，主动、好奇的孩子非常喜欢做一些看似冒险的行为和实验，而且在这个月龄段，越是阻止他去探索，他就越想去试试。这时，我们最好陪着孩子去尝试，并告诉他危险的地方在哪里。比如，孩子对打火机好奇，我们可以陪着他，打一次火，告诉他火的危险性，一方面满足孩子的好奇心，另一方面帮助孩子学习正确的做法，以及如何避免危险，增强他的安全意识。

可以马上做的三件事

- ✔ 分析孩子在趋避性上是偏“趋”还是偏“避”。
- ✔ 根据孩子的趋避性调整教养方式。
- ✔ 思考自己的气质特点，与孩子的气质找到共同点，试着接纳孩子的特点。

孩子总说“不”怎么办

你可能遇到的问题

- 孩子特别爱说“不”，让他收玩具他说“不”，让他吃饭也说“不”
- 让他听话，他就大喊大叫地反抗

其实，孩子说“不”是他走向独立的开始，说明孩子长大了。

说“不”是权力探索的表现

孩子并不是一生下来就知道自己是独立个体，在出生后的很长一段时间里，他分不清自己和这个世界的边界，甚至认为自己和妈妈是一体的。但现在他已经意识到自己是一个独立个体，要证明自己的独立，于是展开了一项新的探索：权力探索。而说“不”就是权力探索中最常见的表现，孩子可能会通过挑战家长的权威来看自己拥有什么样的权力。

解决方案

◎ 提无法说“不”的问题

在跟孩子交流的时候，我们可以换一种说话方式，不提那些可以答“不要”的问题。比如在吃饭时，如果我们问孩子：“你还要不要吃饭？”孩子很可能会说：“不要！”如果我们把问题换成：“你想用哪个勺子吃饭呢？”孩子的注意力就会转移到选勺子上，也就顾不上说“不”了。

◎ 给孩子有限的选择

给孩子有限的选择，既能让我们达到目的，又让孩子更有掌控感，避免了正面冲突。比如，出门的时候，如果我们直接给孩子选好衣服，他可能说“我不穿”，告诉他必须穿，否则出门冷，孩子又会说“我就不”；如果给他一个选择：“你要穿蓝色的裤子，还是这条黄色的？”不管孩子选哪一条都可以。当然，前提是给孩子的选择必须是我们能接受的，千万别表面上给了他选择，实际上还是控制孩子，比如让孩子自己选衣服，孩子选完后我们又说“这件不

这些坑不要踩

✗ 不许孩子说“不”

有些家长看到孩子总是说“不”，认为他是故意跟自己对着干，于是强制要求孩子不许说“不”。殊不知，在建立独立人格的关键时期，如果一味地压制孩子，他可能会长成一个听话但依赖性强的人。

✗ 放任孩子说“不”

有些家长觉得，既然说“不”是孩子成长过程中的正常现象，那就不管了。但是，挑战家长权威的事情，天天都在家里上演，家长也会很累。所以，家长应该根据孩子的月龄特征，使用一些技巧来引导孩子少说“不”。

✗ 经常对孩子说“不”

在日常生活中，孩子难免出现一些不恰当的行为，有的家长会下意识地说“不”，以此来制止孩子的行为。而孩子正处在喜欢模仿大人说话的阶段，如果家长经常说“不”，孩子也会模仿。在陪孩子的时候，家长不妨把和孩子的对话录下来，看看自己说了多少次“不”，给自己一个提醒。

行太薄了，还是穿这件吧”，那就前功尽弃了。

◎ 告诉孩子正确的做法

如果发现孩子有不好的行为，告诉孩子正确的做法，比一味制止他要好得多。比如，孩子乱扔玩具，我们不要说“不要乱扔玩具”，而是用正面的语言告诉他应该怎么做，“要轻轻地把玩具放好哦，保护好玩具，以后才能经常玩”。看到孩子在洒水，我们可能下意识地说：“不要！不能洒！”这个时候，我们换成“宝宝，可以把水壶拿给妈妈吗？来把这个小鸭子洗干净”。

◎ 丰富孩子的语言表达方式

孩子总说“不”，可能是因为词汇量有限，“不”就变成了表达意愿的“主力”词汇。所以，我们平时要多引导孩子使用其他的表达方式。比如他说“不要回家”，我们可以问他：“你是想再玩一会儿吗？那我们再玩 3 分钟就回家。”再比如他说“不要睡觉”，我们就说：“你想再听一个故事吗？”通过这样的方式让孩子明白，表达意愿的方式很多，而表达准确更容易达成心愿。

◎ 请求孩子帮忙

孩子特别喜欢大人请求他帮助，所以，我们如果需要孩子配合做某件事，为了避免他拒绝，可以用请求代替命令。比如，“你能帮妈妈把玩具放到这个盒子里吗”就比“你要收玩具”效果好很多。

可以马上做的三件事

- ✔ 把和孩子的对话录下来，提醒自己少说“不”。
- ✔ 孩子玩完玩具，请孩子帮忙收拾玩具。
- ✔ 准备两套孩子第二天可以穿的衣服，请孩子自己选择。

孩子 2 岁了还不会说话，怎么办

你可能遇到的问题

- 孩子说话发音不清楚，说什么都要猜
- 问他要什么，“嗯嗯”指了半天，就是不开口说话

孩子开口说话有早有晚，不光和生理上的成熟有关，和后天的教养环境也有关系。

说话时间有早晚

语言是人类与生俱来的本能，每个孩子一生下来就自带学习语言的天赋，只要在正常的语言环境中长大，孩子都能学会说话，只是时间上有差异，除非真的受到生理条件的限制。所以，只要没有先天问题，后天环境跟上，开口再迟的孩子都能迎头赶上。当然，如果语言环境各方面都做得很好，孩子却始终不开口说话，我们就要考虑是否存在生理或心理上的原因，需要额外关注甚至专业治疗。

孩子不开口的原因及对策

◎ 和孩子交流太少

有的家长觉得孩子还小，不知道跟孩子说什么，所以和孩子交流很少，这直接导致孩子听大人说话的机会减少。而要让孩子开口输出，前期大量的语言输入是必要条件。因为语言学习遵循“听、说、读、写”的顺序，“听”是“说”的前提，要是孩子听得不多，很可能就会迟迟不开口。

对策：

1. 谈论孩子关注的事物。比如，他正在玩积木，我们就跟他讨论与积木相关的事，而不是一直跟他说天气怎样，或者玩完玩具要怎么收纳。

2. 语句简单，内容具体，发音清晰，适当重复。能拆成两句话的就分两句说，尽量避免一句话包含过多信息。比如，让孩子帮忙把桌上的碗拿过来，我们可以说：“宝宝，能帮妈妈一个忙吗？”等孩子同意后，我们再继续说：“请把碗拿给妈妈，碗在桌子上。”这样孩子就有足够的时间理解我们说的话，并且作出反应。有时，还可以多重复几遍，帮助孩子理解。

3. “交流”意味着双方说话要有来有回。跟孩子交流时，我们要留意孩子的反应，看他对这件事是不是感兴趣，是不是也有自己的想法要表达，也许他不会说出口，但是会通过眼神、表情、手势和动作等告诉我们。这个时候，我们就要根据他的反应用提问的方式引导他开口表达。

◎ 不给孩子说话的机会

有些家长对孩子需求的反应过于迅速，孩子几乎不需要开口，就已经帮他把话说出来或者把事做完了。这样在无形中减少了孩子说话的机会，导致他语迟。

对策：通常，孩子开口说话是因为他有需求要表达，即使我们知道孩子想做什么，也要给他表达的机会，鼓励他把话说出来。比如，我们可以跟他说：“妈妈不知道你想要什么，告诉妈妈，你是想要球，还是杯子？”如果孩子半天没说出口，该满足的需求我们还是要满足的。

◎ 经常纠正孩子的发音

孩子刚开始学说话，发音含糊或错误的情况十分常见。有的家长经常忍不住纠正孩子的发音，比如，孩子把“吃饭”说成了“qi fa”，就对他说：“不对不对，不是‘qifa’，是‘吃饭’。”这种做法会带来两个问题：一是重复了孩子错误的发音，让他无法专注于正确的发音；二是总对孩子说“不”，容易让孩子产生挫败感，影响说话的欲望。

对策：孩子话没说清楚，或者发音错了，我们不要再强调这一点，也不再重复他的错误发音，而应该把关注点放在对的发音上，用正确的语言重复一两遍。比如，孩子把“吃饭”说成了“qifa”，我们可以这样说：“宝宝想吃饭，是吗？那我们吃饭。”

◎ 放任孩子看电子屏幕

有些家长图省事，总让孩子看电视、手机等。殊不知，看电子屏幕久了，很可能会影响孩子开口说话。美国曾经有人建议给聋哑人的正常孩子看电视，通过这种方式学语言。但是研究发现，没有一个孩子能通过看电视学会说话。这有两个原因：一是电视是单向输出，没有双向互动和交流；二是电视上的声音不是自然的人声，更不符合孩子喜欢的“母语式语型”，即“儿语”。

对策：我们要多跟孩子说话，不要让他总对着电子屏幕。研究发现，孩子天生更喜欢听妈妈说话，因为妈妈在跟孩子说话时会刻意放慢语速，夸大每一个字的发音，语调有更多起伏变化，这些都有助于孩子理解和区分不同的语言内容。同时，妈妈跟孩子说话的内容，通常和眼前的事物相关，这能帮助孩子在真实、自然的语境中建立事物和语言的联系。另外，孩子在和我们的双向交流中学会的不仅是词汇、语言，还有交流的规则，比如倾听和等待，这些都是电子屏幕无法提供给孩子的语言学习机会。

可以马上做的三件事

- ✓ 针对孩子关注的事情，描述这是什么。
- ✓ 巧用问题，引导孩子用简单的词、句来说话。
- ✓ 孩子说话不清楚，用正确的发音重复，不纠正。

如何在游戏中培养孩子的自信

你可能
遇到的问题

- 明明自己能独立完成的事情，非要和爸爸妈妈一起做，依赖家长的帮忙
- 孩子不喜欢尝试新事物、新活动，面对新环境会非常局促甚至害怕

以上现象可能是孩子自信心不足的表现，家长要引起注意，适当增强孩子的自信心。

自信心养成

从心理学角度说，孩子的自信来自他们对自己积极的认知和评价。而积极的自我认知和评价主要来自两方面：一是父母的关注、爱、信任和尊重；二是对自己能力的认识，即知道有很多事是可以靠自己完成的，这种认识可以增强孩子对世界的掌控感。

而游戏能让孩子感受到父母的关注和爱，同时还能体会到成就感，是培养孩子自信最简单有效的方式之一。

在游戏中家长可以通过改变规则，增加或减少任务，来调整游戏的难度和节奏，无论孩子的能力处在什么水平，家长都可以随机应变，将游戏的难易程度调节得恰到好处，让孩子在感受到一些困难的同时，也相信只要通过努力、多思考就可以获得成功。

解决方案

◎ 调整游戏难度

玩游戏时家长要学会根据孩子的表现不断调整任务难度，让孩子最终可以完成任务，取得胜利。

以“拖动大黑牛”这个游戏为例，游戏中由家长扮演牛，孩子的任务是把“牛”拉到指定位置，其中“拖、推、拽、顶”各种招数都可以使用。当然，家长要确保最后是孩子赢。在这个过程中，家长可以根据孩子的能力情况，提供不同难度的阻力，让他始终感到有挑战性，但又能通过自己的努力取得最后胜利。游戏中孩子每一次挑战成功都能让他体会到努力后的喜悦和成就感，自信在这个过程中自然就增强了。

当然，为了增加游戏的趣味性，家长还可以摆出各种姿势，声情并茂地表演，增强孩子的玩耍兴趣。

这些坑不要踩

✗ 当众批评孩子

当孩子出现调皮、“不当”行为时，有些家长因为情绪暴躁或为了维护自己的威严，会选择当众批评孩子，对孩子大声呵斥、指责。这样做虽然能让孩子暂时屈服于压力，不敢抵抗，但会严重挫伤孩子的自尊心，影响自信心的建立。

✗ 拿别人做比较

很多家长喜欢拿别人家的孩子来教育自己的孩子。总把“你看 ××× 多听话”“你要是有 ××× 的一半好就行了”“你怎么不向人家学学”这些话挂在嘴边，认为和优秀的孩子比较会激发自家孩子的成长动力。这种做法是不可取的，会给孩子留下自卑的负面阴影，认为自己处处不如别人，找不到自己的价值，让孩子变得越来越没有自信。

◎ 学会示弱

在游戏中，家长要学会适当示弱，多给孩子创造表现机会，多让他体会成就感。

比如，在陪孩子玩拼图时，家长可以故意示弱向孩子寻求帮助。可以这么说："宝宝，妈妈找了很久，也不知道这块拼图该放哪儿，你能帮妈妈吗？"这样，孩子就会知道原来大人也有不擅长的事，也有需要自己帮助的时候，他会很开心地提供帮助。这时家长要抓住机会大力表扬孩子："谢谢宝宝，多亏你帮忙，妈妈才能把拼图拼上。"孩子听到后会非常有成就感，从而自信心增强。

◎ 提供帮助

在游戏过程中，当孩子遇到难以解决的困难而感到沮丧时，家长要尝试共情他的感受，并适当提供帮助，孩子克服困难后要及时给予鼓励和夸赞。

比如，当孩子拼拼图找不到对应的图案而受挫时，家长可以先共情他的感受："一直找不到这块拼图，有点沮丧是吗？"让孩子知道他的感受和情绪是被理解和尊重的。当孩子快要失去耐心时，家长可以出手相助，通过提醒引导孩子自己思考，可以说："这里好像是蓝色的，是不是要找蓝色的拼图呢？"如果他没能找到相应的拼图，可以悄悄把那块拼图挪进他的视线，进一步给孩子提示："咦，这块拼图也是蓝色的，你好像还没试过，要不要试试？"这样，孩子经过一番努力终于解决了问题，就会变得很有成就感，同时家长及时的鼓励和表扬也会让孩子更开心、更自信。

可以马上做的三件事

- ✔ 和孩子玩一次"拖动大黑牛"游戏。
- ✔ 和孩子玩一次积木或拼图游戏，找机会向他"请教"。
- ✔ 坐在孩子旁边观察他玩游戏，当他克服一个困难时夸夸他的努力。

别给慢贴上“磨蹭”标签

你可能
遇到的问题

- 每天早上起床都磨磨蹭蹭的，穿衣服慢、刷牙慢，干什么都慢，让人着急
- 什么事都不着急，明明急着出门，他却拿着鞋左看右看，你拿过来想替他穿，结果他还不乐意

对这个阶段的孩子来说，慢是他们本来的节奏，家长不要用自己的标准给孩子贴上“磨蹭”的标签。

“磨蹭”的标签不要随便贴

慢其实是孩子生活中的主节奏，磨蹭也是孩子发展过程中的必经阶段，是他探索世界、体验世界的方式。只有当孩子按照自己的节奏，一步一步感受时间，感受按时做事情的规律，他才能真正成长起来。所以，家长不要用自己的标准给孩子贴“磨蹭”的标签，要有足够的耐心，以正确的方式面对孩子的磨蹭。尊重孩子的行为，让孩子在一次次磨蹭的过程中掌握熟练的技能。

解决方案

◎ 预留时间

家长眼中的孩子的磨蹭行为，其实是他探索世界、体验世界的方式。比如洗脸，对大人来说习以为常，但对孩子来说洗脸是一个有趣的认知过程。孩子洗脸的时候在体会水的流动，水流过手指的感觉，感受香皂泡沫在手上滑滑的感觉，孩子其实是在用他的方式认识世界。这时候，家长应该尊重、理解孩子，给他一点儿时间或者和他一起感受，满足孩子的感官需要。

如果担心孩子的磨蹭会造成时间紧张，那可以多留一些时间。比如早晨起床，如果打算 8 点前离开家门，那可以提前 1 小时叫醒孩子。还可以用倒计时游戏，给孩子一个心理缓冲，比如在出门前 15 分钟旦，每隔 5 分钟提醒一次，给孩子适当的提示。

◎ 帮孩子建立时间观念

1. 日常对话中加入时间元素。在与孩子的日常对话中，家长可以有意识地加入时间要素。比如，把“快点儿起床啦”换成“7 点半了，该起床啦”；把“快点儿收玩具，我们要出门了”，换成“10 点要出门，我们要提前收拾好

这些坑不要踩

✕ 过度唠叨、催促

有些家长一看到孩子磨蹭就会着急，不断地唠叨、催促，“你能不能快一点儿”“你怎么这么磨蹭”。家长的这种做法只会给孩子施加压力，时间长了，孩子做事的标准不再是“什么时间该做什么事”，而是“妈妈有没有催”。孩子有他自己的做事节奏，在一些无伤大雅的事情上，不要总是以大人的节奏去要求孩子，给他一些慢慢成长的空间。

✕ 家长包办、代劳

有些家长因为看不惯孩子做事慢吞吞，图一时方便就自己替孩子做。比如，嫌孩子洗脸耽误时间，家长就帮孩子洗；嫌孩子穿衣服时间太长，家长就帮孩子穿。这样做实际上剥夺了孩子锻炼的机会，影响了孩子的独立性发展。

玩具”；当孩子认识数字后，可以指着钟表告诉他“等长针指到数字 6 的时候，就要去洗澡”；也可以准备一个沙漏，跟孩子约定“沙漏漏完，我们就要睡觉喽”，通过沙漏让孩子更直观地感知时间的流逝。

2. 建立日常惯例，增强孩子对时间的掌控感。可以和孩子一起制订日常惯例表，帮孩子明确做完一件事后接着要做什么。比如，针对孩子晚上不能准时睡觉的问题，可以用睡前流程图来解决。第一步，和孩子一起说一说睡前要做哪些事，留下最重要的三项，比如洗澡、刷牙、读书；第二步，把孩子要做的事情画下来或者拍成照片，按商定好的顺序贴好，孩子完成一项就在下面贴张小贴画。这样即使大人不催促，孩子也可以看着图片知道接下来要做什么。

3. 让孩子学会承担行为后果。适当地让孩子承担后果，也很重要。比如，约定好 8 点半上床读书，9 点准时关灯睡觉，如果因为孩子洗漱太慢，导致错过读书时间，那就要让孩子承担相应的后果。家长可以这样说：“你看，短针已经指到 9 了，现在是关灯睡觉的时间，不能读故事了，明天你早点儿刷牙、洗脸，我们就可以多讲几个故事。”孩子一开始可能会哭闹，家长可以接纳他的情绪，但是不能妥协。

可以马上做的三件事

- ✔ 和孩子制订一个日常惯例表，可以是睡觉惯例，也可以是早起惯例。
- ✔ 拿一个钟表，帮助孩子认识上面的数字和指针。
- ✔ 晚上睡觉前，要提前告知孩子。比如，告诉他：“再过 10 分钟，长针指到 10 的时候，我们就要去洗澡准备睡觉了。”

如何搞定带娃外出吃饭的难题

你可能遇到的问题

- 吃完饭，孩子就在餐厅乱跑，打扰别人
- 因为担心孩子在餐厅哭闹，已经好久没去外面吃饭了

带娃出去吃饭，确实不能说走就走，怕娃吃不好，怕娃影响别人……真的是带着“麻烦”出门。但是，只要你做对了，是“麻烦”也会被解决。

解决方案

搞定带孩子外出吃饭的难题，最重要的就是做好准备。

首先，在决定外出吃饭前要做如下准备。

1. 选择餐厅。尽量不要带孩子去很安静的地方，比如西餐厅，环境比较安静，孩子哭闹就会很突兀，容易打扰到别人。

如果第一次去一家新餐厅，要提前预约座位，尽量选择不容易打扰别人的角落位置，问清楚有没有宝宝餐椅。

2. 带孩子出去吃饭前，要和孩子约定好规则。比如告诉孩子，餐厅是公共场合，不能大喊大叫，不能乱跑等。如果不能做到，以后就只能在家吃饭。

如果孩子在家答应得好好的，但一进餐厅就开始乱喊乱跑，必须坚定地重复一遍你们的规则。如果孩子还是做不到，就带他回家，让他知道，你说话是认真的。这样做的作用是孩子会把这件事记在心上，以后再出去吃饭也会更愿意遵守你们的规则。

3. 带上可以打发时间的玩具。比如画笔、绘本、贴纸等。孩子用餐后，就可以玩你事先准备好的玩具了。

其次，在餐厅等待上菜和吃饭的过程中要做到以下几点。

1. 清理桌面。孩子对桌上的一切都感到好奇，请服务员把用不到的东西，比如玻璃杯、调料瓶拿走，避免孩子乱抓、乱碰，把东西弄洒、弄坏。

2. 填充等待上餐的时间。点好菜，等待上餐的时间，可以带着宝宝四处转转。比如有的餐厅会有海鲜区，带孩子观察鱼是怎么游动的，螃蟹有几条腿，可以打发很长时间，还能增长孩子的知识。

3. 示范餐桌礼仪。向孩子示范正确的餐桌礼仪，比如，吃饭的时候要小声说话，服务员上菜的时候要礼貌地说“谢谢”。大人是怎么做的，孩子都会看在眼里，并且还会模仿学习。

4. 表扬孩子好的行为。如果孩子安静地坐在餐椅上自己吃饭，不要吝啬你的表扬：“宝宝自己吃饭吃得真好，都不用妈妈喂。”越给孩子正面的反馈，孩子越有动力做得更好。

要提醒的是，如果孩子哭闹，不要用手机来哄孩子。当然，你自己也要以身作则，不要经常盯着手机。

可以马上做的三件事

- ✓ 改掉用手机让孩子安静的习惯。
- ✓ 和孩子玩一个“餐厅吃饭”的游戏。
- ✓ 在家吃饭时培养好的就餐礼仪。

12

26 ～ 28 个月的宝宝

孩子为何动不动就发脾气

孩子的这些行为是典型的秩序敏感期表现。处于秩序敏感期的孩子，对各类事物的秩序会极其敏感，环境中出现任何变化都可能会引起他们的情绪波动。

重要的秩序敏感期

秩序敏感期指幼儿对秩序极端敏感的一个重要时期。著名教育家蒙台梭利认为，秩序敏感期从孩子出生便开始了，只是在 2 岁左右表现得最为明显。孩子的秩序敏感性常表现在对顺序、生活习惯以及物品的要求上。比如，物品要有固定的摆放位置，每天的作息要保持规律一致，做某件事情的顺序要固定，不允许别人碰自己的东西，等等。

对处于秩序敏感期的孩子来说，只要环境中出现任何细微的变化或者秩序混乱，都有可能引起情绪波动。人们常说“可怕的两岁”，这种现象在一定程度上也是因为孩子眼中的秩序被打乱后，出现了一系列过激反应。孩子对秩序的敏感，和自我意识的建立息息相关，又因为这个阶段的孩子还没有学会如何处理秩序崩塌带来的巨大情绪，因而就会表现得比较执拗。

解决方案

◎ 尊重孩子的秩序感，接纳孩子的情绪

秩序期对我们的最大困扰应该就是孩子随时随地来势汹汹的情绪了，这时候别着急，细心观察和倾听，搞清楚他为什么哭闹，然后看看自己有没有不小心破坏了孩子的秩序。

对一些非原则问题，比如，穿衣服顺序、吃饭位置，如果能倒回去重来一遍，就别怕麻烦，陪他一起把混乱的秩序重新顺一遍，孩子的情绪就好了。有家长可能会问，这不会把孩子惯坏吗？其实并不会。理解孩子的表现，满足孩子对秩序的需求，是对处于这个特殊时期的孩子的帮助，帮他顺利度秩序过敏感期。

还有一些情况涉及原则问题，比如安全问题，就不能顺着孩子，这时候你可能面对的是歇斯底里的大哭，要有心理准备，并且要学会接纳孩子的情绪。

这些坑不要踩

✘ 强行干扰，破坏秩序感

处在秩序敏感期的孩子对某些物品的摆放顺序会非常执着，有些家长不理解这种行为，认为孩子过于执拗，为了改变孩子“执拗”的性格，家长故意扰乱顺序，逼迫孩子适应。这种强制打破孩子秩序感的行为是错误的，不但会引起孩子的过激反应，还会影响孩子获得稳定秩序的体验，不利于孩子的成长。

✘ 不接纳孩子的情绪

当孩子因为秩序感被破坏而哭闹发脾气时，很多家长不理解孩子的情绪，认为这是孩子在无理取闹，从而感到不耐烦，甚至对孩子的“任性”行为进行严厉批评、斥责。这种做法也是不可取的，这样做只会让孩子产生更大的心理冲突，不利于未来规则的建立。

◎ 给孩子规律的生活，借机培养好的生活习惯

规律的生活可以给孩子带来安全感，满足他对秩序感的需要。家长可以给孩子建立一个睡眠仪式，把每天睡前要做的事情流程化，比如先刷牙，再洗澡，然后上床讲故事，讲两个故事后关灯睡觉。这会让他对周围的世界产生掌控感，同时为建立良好的睡眠习惯打下基础。

秩序敏感期的孩子对物品摆放秩序有严格的要求，家长可以给孩子的书、玩具提供一个可收纳的地方，同时注意有序摆放，让孩子看完书、玩完玩具后放回原处，这也是满足孩子对秩序感需求的一个方式，同时又能养成孩子整理玩具的好习惯。

◎ 如果需要改变，请提前告知孩子

生活中每天都存在变化，虽然创造有序环境会让孩子感觉更安全，但这并不意味着刻板地遵守时间表和惯例。对于孩子来说，知道所处的环境是安全的和学会灵活适应变化同等重要，但这种变化要让孩子提前知道。比如，周末要带孩子去奶奶家，就要提前告诉孩子，什么时候出发，可能会见到什么人，晚上回不回家等，让孩子有一定的心理预期，帮他更好地适应变化。

可以马上做的三件事

- ✔ 给孩子的玩具分类，玩耍过后引导孩子把玩具放回原位，培养他整理玩具的习惯。
- ✔ 告诉孩子周末的安排，要去哪儿，去做什么……提前告知孩子可能会遇到的变化，让孩子有思想准备。
- ✔ 与孩子一起建立一个睡眠仪式。

怎样陪孩子看英语动画片

你可能
遇到的问题

- 都说给孩子看英语动画片能学英语，可看很长时间一句英语也不会说
- 孩子看完英语动画片后一问三不知，什么也没看懂

看英语动画片究竟能否帮助孩子提升英语能力，主要取决于孩子看动画片的方式，所以利用动画片给孩子做英语启蒙要讲究方法。

英语启蒙的三个原则

2 岁多的孩子处在语言爆发期，表达和理解能力逐渐同步，很多家长选择在这个时候给孩子看英语动画片，进行早期英语启蒙。英语启蒙不等同于英语学习，英语启蒙更侧重于培养孩子的语言兴趣。在给孩子做英语启蒙时，要坚持以下三个原则。

原则一：听大于说，听先于说。孩子只有大量地听，不断地听，才有可能会说。需要注意的是，在对幼儿进行英语启蒙的时候，每次的输入量不宜过多。

原则二：重视语言互动。交流互动在语言学习中起着重要的作用，只有可理解的双向互动才能让孩子开口说。

原则三：建立语言和事物的直接对应关系。孩子的英语习得是基于场景的直接对应，也就是说，当英语和场景或事物之间建立直接对应关系后，到了某

这些坑不要踩

✗ 放任孩子自娱自乐

有些家长因忙于工作，经常放任孩子一个人看英语动画片，认为大人陪不陪看效果都一样。这种做法往往会演变成孩子的自娱自乐。家长错过了陪看过程中与孩子交流互动的机会，也无法帮助孩子更好地理解剧情，不利于孩子的英语启蒙。

✗ 内容上不做选择

也有一些家长认为只要是英语动画片，就都适合给自家孩子看。这种想法是不正确的。家长应该根据孩子的语言发展水平，有针对性地为孩子选择动画片。如果动画片中的英文内容太难，孩子根本理解不了，则会影响孩子的观看兴趣。

个场合，孩子才能自动说出相对应的句子，看到某个东西就能说出名称，而不需要经过转换思考。

解决方案

◎ 选对动画片

所选的动画片要符合孩子的英语水平。如果孩子刚接触英语没多久，可以给他看一些情节简单的、输入量少的动画片，比如 *Yakka Dee*，每集只教一个单词，活泼又幽默。如果孩子已经有了一定的英语基础，积累了一定词汇量，则可以给他看一些有更多生活场景和简单句子表达的动画片，比如 *Maisy*。这部动画片里的情节和场景简单、日常，孩子很容易理解。如果孩子的英语水平已经到了可以熟练说出完整句子的时候，那就比较适合看像 *Peppa*

Pig 这种台词多、语速快、语法结构相对复杂的动画片了。总之，给孩子选动画片要难易适中，这样才能在保持孩子兴趣的基础上进行有效启蒙。

◎ 反复陪看，及时解惑

一般来说，孩子要看好几遍才能理解和掌握动画片中的内容，所以不能只看一遍就结束。家长可以反复陪孩子看同一集或者同一部动画片，同时在看的过程中帮助孩子理解剧情。孩子生活经验不足，遇到某些剧情可能无法理解，这时家长要及时给孩子做出解释。

◎ 引导表达

为了学以致用，看完动画片后家长要适当引导孩子积极表达。比如，在生活中遇到与动画片里相似的场景时，家长可以引导孩子用剧中的表达方式说出来。

另外，还可以根据动画片的内容和孩子一起玩游戏。比如在 *Maisy* 这部动画片中，有一集讲了各种各样的颜色，看完这集之后，家长可以跟孩子玩“听指令找颜色”的游戏。你可以对孩子说：“Can you spot something blue?” 如果孩子没理解，就指指身边蓝色的东西告诉他：“This is blue. That is blue.”帮助他理解指令。当孩子找对时，别忘了给他正向反馈，比如你可以欢呼着对他说：“Yes! The cup is blue.”也可以和孩子互换角色，让孩子来下达指令，总之，要多鼓励他开口表达。

可以马上做的三件事

- ✔ 根据孩子的英语水平，为孩子选一部合适的动画片。
- ✔ 陪孩子一起看动画片，及时为孩子解释难理解的剧情。
- ✔ 在生活中运用学到的一个词或一句话。

从小训练大脑执行功能

你可能遇到的问题

- 孩子早上起不来床，晚上到点了也不愿意睡觉，总想着玩
- 孩子做事情拖拉、磨蹭，上个厕所都能磨蹭半小时

孩子的日常生活与大脑的执行功能息息相关，上述问题的出现也代表着孩子的大脑执行功能还有待提高。

什么是大脑的执行功能

执行功能是大脑的控制中心，负责调控大脑认知资源的分配，是个体高级认知能力的保障机制。简单来说，执行功能就是我们有意识地控制自己的思想、情绪和行动的能力。这项能力的好坏，决定了我们能否管好自己。

如果把大脑比作一个繁忙的飞机场，那执行功能就是负责指挥协调的管控中心，为了保障机场正常运转，管控中心必须同时处理多次航班信息，计划、管理和完成这些航班起飞降落的任务。同样，执行功能可以让我们的大脑同时处理大量信息、集中注意力、过滤干扰和及时转换思维模式等。

总而言之，执行功能对我们的大脑要求极高，能够帮助我们有效计划、管理和执行任务，达成目标，对个体的学习、工作、生活以及身心健康等方面都起着十分重要的作用。

执行功能的三个核心成分

执行功能包括工作记忆、认知灵活性和冲动抑制三个核心成分。

◎ 工作记忆

工作记忆是指一段时间内在大脑中保存和处理信息的能力。它能让我们在面对海量信息时抵抗干扰，把注意力放在最重要的信息上，同时又不会完全忽略其他信息。比如，当我们玩“按指令做动作”的游戏时，我们需要时刻记住规则并且将注意力集中于听清指令上，结合游戏规则和当前指令做出反应，这时候我们调动的就是工作记忆。工作记忆发展不好的孩子可能无法集中注意力或者缺乏提前计划的意识。

◎ 认知灵活性

认知灵活性让我们能够根据不断变化的规则和环境调整自己的行动，从不同的角度看问题，理解不同的概念，在不同的任务之间自如切换。比如，仍以“按指令做动作”的游戏为例，我们需要根据不同的指令，迅速做出符合指令和规则的动作，这时用到的就是认知灵活性。认知灵活性不好的孩子可能会表现得固执、缺乏同理心、适应能力差等。

◎ 冲动抑制

冲动抑制的能力能够阻止我们做出不恰当的事情，冲动抑制能力差的孩子行事莽撞、冲动、情绪化。

大脑的执行功能要从小培养

从大脑发育的角度来说，执行功能不是与生俱来的，需要后天锻炼才能习得。实际上，每个孩子生下来，只要前额叶发育正常，没有因为先天疾病或者意外受损，就已经具备自我管理的潜力。但是，这种潜力能不能发展成后天的执行功能，很大程度上取决于家长在孩子的成长过程中做了什么。

一项研究发现，那些 2 岁前在孤儿院度过，缺少照顾和关爱的孩子即使被正常家庭领养后，执行功能也明显落后于那些从小生长在普通家庭的孩子。同时，最新的研究也指出，0 ～ 6 岁是大脑执行功能发展最迅速的黄金时段，尽管这项能力在孩子成年前会持续发展，但 6 岁之后基本趋于平稳。

解决方案

◎ 教孩子制订简单计划，培养计划思维

这个阶段的孩子可以理解计划的基本概念，也能在家长的引导下做一些和生活密切相关的简单计划。

比如去超市购物前，可以和孩子先列一个购物清单，然后按照购物清单采买东西。当孩子看到心仪的玩具时，我们要及时提醒他："这个玩具不在计划清单内，如果想买可以把它放到下次的购物清单中哦。"在这个过程里，列清单充分调动了工作记忆，看到心仪的玩具不能买则需要孩子的抑制冲动能力，把玩具放进下次计划中又会用到执行功能中的认知灵活性。

除了购物清单，我们还可以和孩子一起制订周末的出行计划。比如，一起讨论去哪里玩，怎么去，到目的地后要做哪些事情，等等。这些能让孩子充分参与计划的过程，就是有意培养孩子执行功能的过程。

◎ 和孩子玩规则游戏

除了计划思维，规则意识对执行功能的发展也很重要。因此，家长可以和孩子多玩一些符合阶段认知特点的规则游戏。比如，2 岁多的孩子可以记住两个规则，并且能按照两个规则行动，根据这个阶段特点，家长可以和孩子玩"红灯停，绿灯行"的游戏。

由家长扮演警察，孩子扮演行人。当家长喊出"红灯"时，孩子就要立刻停下所有动作保持静止；当家长喊到"绿灯"时，孩子才可以活动。待孩子逐

渐熟练后，我们还可以增加游戏难度，加入红色和绿色卡片，要求孩子根据举起的卡片颜色做出反应。与此同时，还可以给出语言指令干扰，比如举起红色卡片时喊“绿灯行”，举起绿色卡片时喊“红灯停”。当然，游戏中也可以随时切换规则，反过来让孩子按语言指令行动而不是按卡片颜色做出行动。

可以马上做的三件事

- ✔ 跟孩子玩“我说你做”的指令游戏，说出动作指令，让孩子做相应动作。
- ✔ 和孩子一起制订一份超市购物计划清单。
- ✔ 和孩子玩“红灯停，绿灯行”的游戏。

四招玩转角色扮演游戏

你可能
遇到的问题

- 总被孩子拉着玩过家家，虽然不情愿，却不得不应付
- 孩子玩过家家游戏时总是一个场景玩半天

过家家游戏又叫角色扮演游戏，是儿童成长过程中必然出现的一种特殊游戏类型。

角色扮演游戏的发展

角色扮演游戏又叫假装游戏，会始终伴随孩子的成长。而且，随着孩子的生活经验不断丰富，想象力和语言能力不断提升，游戏的内容和形式也会随之越来越复杂。

1 岁多的孩子玩角色扮演游戏时，主要是模仿大人的日常生活，比如拿玩具电话假装打电话等，这时的象征性动作更多是联想和模仿。对比一年前的角色扮演，此时的角色扮演游戏已经从最开始的简单模仿成人发展到具有创造性的游戏，从独自玩乐发展成为有组织、有分工的集体游戏，从只玩实际物品发展成能运用象征玩具进行游戏。

总的来说，孩子在角色扮演的游戏中会不断发展好奇心和主动性，增强自信心的同时还能不断提高观察力、想象力和创造力。

解决方案

◎ 扩展情节，延长游戏时间

当孩子有了自编自演的剧本时，家长可以跟着孩子的节奏，从情节上进行拓展，延长游戏时间；也可以适当扩展情节，锻炼孩子的即兴发挥能力。

比如，孩子正在玩“做饭”游戏。孩子“炒好菜”，用盘子端到家长面前，对孩子来说，这个游戏可能已经结束了。但是，如果家长假装吃完，并说“老板，结账”，游戏就可以接着进行。当家长再接着说“我要用手机支付，你的付款码在哪儿”时，孩子往往会到处找道具做付款码……这样一步步引导，无形中就把生活经验迁移到了游戏里，丰富了孩子的认知。

◎ 创造游戏场景，缓解孩子的情绪

角色扮演游戏还有一个特别的好处，就是可以缓解孩子的情绪。当孩子不

这些坑不要踩

✘ 拒绝参与

很多家长看着孩子全身心投入角色扮演游戏中，比如拿一堆纸片当作饭菜时，就会觉得很幼稚，忍不住想嘲笑孩子，当孩子邀请家长一起参与时，家长更是敷衍了事。这种做法是不可取的，玩角色扮演游戏能促进孩子认知和社会技能的发展，是他们融入群体、发展社会化的过程，家长应积极鼓励，愉快参与。

✘ 反客为主

有的家长掌控欲比较强，希望孩子一切都按照自己的想法进行，结果慢慢地将游戏的主导权从孩子手中转移到了自己手中。这种做法是不可取的，家长

知道玩什么时，我们可以主动给出一个场景。比如，如果孩子白天累积了一些负面情绪，那晚上我们就可以陪孩子玩角色扮演游戏，在游戏中可以帮孩子把经历的事情演绎出来，借此疏解负面情绪。

再比如，很多孩子害怕去医院。这时候，家长可以陪孩子玩“医生与病人”的游戏。游戏过程中可以多做一些夸张的、带有喜剧性质的表演，以此来减轻孩子对医院的恐惧。

另外，除了演孩子的生活，还可以演绘本中的故事。有些绘本故事情节比较简单，人物对话丰富，家长可以和孩子分别扮演不同的角色，模仿不同的声音、动作，把故事表演出来。那些包含丰富情绪的故事，可以帮助孩子学会正确识别、表达和处理情绪。

◎ 创造游戏空间，提供丰富道具

为孩子创造游戏空间，能激发他们无限的想象。比如，很多孩子特别喜欢钻到帐篷里、沙发或桌子底下，因为他们会把这些空间想象成躲避坏人的堡垒、兔子洞、隧道和山洞等。

另外，为孩子提供丰富的道具，在很大程度上能激发他的灵感。比如，家长可以给孩子准备几个纸箱子，你会发现，这些纸箱子会在孩子的游戏中变成海盗船、飞机、汽车等有趣的东西。

这个阶段的孩子跟同伴的交往也会越来越频繁，如果家长想教孩子一些交往的技能，比如分享、交换等，也可以利用角色扮演的方式。比起直白的说教，这种方式更容易被孩子接受。

可以马上做的三件事

- ✔ 发起一个角色扮演游戏，和孩子演一场“玩具被抢了怎么办”的游戏。
- ✔ 在桌子下面，给孩子搭一个私密空间，观察孩子会创造出哪些有趣的故事。
- ✔ 和孩子阅读一本绘本，并把绘本中的故事演绎出来。

孩子不合群怎么办

你可能
遇到的问题

- 孩子2岁多了，不喜欢和小朋友一起玩，总是一个人玩
- 孩子跟其他同龄小朋友一起玩时，也不互动，总是各玩各的

孩子的社交发展是有规律的，不合群可能是他们还没到和小朋友一起玩耍的阶段，不要轻易给孩子贴上“不合群”“孤僻”的标签。

孩子社交游戏的规律

研究表明，早期同伴交往的社交方式主要以游戏为主。美国学者帕顿按照幼儿社会行为的不同表现，依据参与游戏的幼儿之间的相互关系，把幼儿的游戏分为以下 5 种 ：单独游戏、旁观游戏、平行游戏、联合游戏、合作游戏。

单独游戏和旁观游戏阶段，属于非社会性游戏，是由孩子独自进行的。处于单独游戏阶段的孩子更愿意自己玩，对周围发生了什么并不关心；而处于旁观游戏阶段的孩子，喜欢观察其他小朋友是怎么玩的，但只是旁观，并不互动。孩子在 2 岁半之前一般处在这两个阶段。

大概从 2 岁半开始，孩子进入平行游戏阶段，开始靠近其他小朋友，大家在一个区域玩耍，但依旧是各玩各的。处于这个阶段的孩子会偷偷观察并模仿旁边的小朋友，但依旧会专注于自己的游戏，很少有交流。平行游戏介于非社会性游戏和社会性游戏之间，是一个过渡阶段。

3 岁半到 4 岁左右的孩子，开始了社会性游戏。这个阶段的孩子会和小伙伴交换玩具，在一起玩游戏，不过，没有明确的游戏目的和组织分工意识，属于联合游戏阶段。4 岁半以后，孩子逐渐有了与其他小伙伴分工、合作进行游戏的意识和能力，并且有了预期的目标和游戏主题，开始进入合作游戏阶段。

影响社交的原因及对策

◎ 孩子天生的气质类型

有的孩子天生慢热，在交往中表现得内向、腼腆。对这类孩子，家长首先要学会接纳，不要强行把孩子往外推，尽量避免说“快去跟小朋友玩”“别老黏着妈妈”这类话。其次，给孩子创造和同龄伙伴稳定玩耍的环境和机会也很重要，比如在小区里帮他认识两三个同龄的小朋友。稳定且熟悉的同伴和环境会带给孩子安全感，帮助孩子融入同伴环境。

◎ 有过不好的交往体验

如果孩子在和小伙伴的交往中有过不好的体验，比如被打、被抢了玩具等，或者孩子经常被强迫分享，把自己心爱的玩具给别人玩，孩子可能就会抵触，不愿跟小朋友玩。

对前一种情况，家长要让孩子理解“别的小朋友的行为不对，他喜欢你的玩具，只是没有学会用正确的方法，可以原谅他”，不要强迫孩子和小朋友一起玩，可以让孩子旁观，或者平行游戏，让孩子重新建立对环境的信任感。

孩子不愿分享，家长要理解这是孩子此阶段的正常表现，因为孩子正处于物权敏感期，占有意识强，不要给孩子贴“自私”“小气”的标签，更不要强迫孩子分享，可以通过换位思考的方式引导孩子，比如“你看，你不给小朋友玩你的玩具，他很难过。如果你想玩别人的玩具，别人也不给你玩，你是不是也会难过呀？”如果孩子愿意分享，那就使劲儿夸孩子，让他感受分享的快乐。如果孩子还是不愿分享，也不要强迫。只有物权得到尊重的孩子才会乐于分享。

◎ 孩子缺少社交技能

社交是一种技能，有时不是孩子不想跟小朋友玩，而是他不知道怎么融入，或者因为喜欢抢玩具被排斥。

教孩子一些正确的表达，“我能跟你一起玩吗”“我可以玩这个玩具吗”“谢谢你”“对不起”“没关系”等，让孩子学会使用礼貌用语，有礼貌的孩子更受欢迎。

通过玩角色扮演游戏，教孩子学习轮流和等待的交往规则，学习交换玩具等。

◎ 家长过度保护

有的家长担心孩子会受欺负，不愿意让孩子加入同伴游戏，或者经常当着孩子的面说其他孩子的缺点，这些都会让孩子对交往环境产生怀疑，变得抗拒社交。

家长要学会适当放手，理解孩子的同伴交往需求，帮助孩子学习社交技能，解决社交冲突。

可以马上做的三件事

- ✔ 对照孩子的年龄和表现，了解孩子正处于哪个游戏阶段。
- ✔ 约一个同龄的小朋友来家里做客，给孩子创造和同伴交往的机会。
- ✔ 和孩子一起阅读有关社交规则的绘本，帮助孩子学习等待、排队、轮流等交往规则。

孩子看到玩具就想买怎么办

你可能遇到的问题

- 孩子一看到玩具就要买，都不敢带他去商场了
- 明明家里已经有类似的玩具了，孩子还要买，不给买他就哭

孩子喜欢买玩具是一种常态，但玩具也不是越多越好，家长要学会如何拒绝孩子过多购买玩具的请求。

常见处理方法

一般来说，当孩子在公共场合哭闹着要玩具时，有两种常见的处理方法。一种是共情但不妥协，即你哭你的，我知道你生气难过，但就是不能买。另外一种是转移注意力，比如对他说“别哭了，我们去外面看大恐龙吧”，以此转移孩子的注意力。但这两种方法都存在一定问题。

第一种“共情但不妥协”，需要家长拥有强大的内心，能在众目睽睽之下，面对孩子的哭闹打滚继续保持温柔坚定，但往往坚持到中途就会忍不住“投降”或采取“暴力”。

第二种“转移注意力”，基本只适用于小龄的孩子，随着自我意识的发展，孩子会越来越坚持自己的想法。家长如果一直用转移注意力的方式解决问题，会让孩子理解不了不买新玩具的原因，导致同样的问题还会出现。

解决方案

◎ 巧用“泛灵论”，解决当下问题

2岁到六七岁的孩子会把身边所有的事物都看作有生命的，心理学家把这种思维称作“泛灵论”思维。处于这个阶段的孩子，相信玩具摔到地上会疼，如果不送玩具回家，玩具会难过等。

当孩子非要买新玩具时，家长可以利用“泛灵论”打消孩子买玩具的念头。比如，在孩子非要买玩具小狗时，家长可以说：“家里已经有好几只玩具小狗了，如果你再买一只回家，家里的玩具小狗会以为你不爱它们了，它们会伤心的。”

孩子可能不爱听大道理，但朋友间的对话，孩子天然更容易接受。利用“泛灵论”，我们可以解决生活中的很多小问题。

比如，早上孩子不起床，可以说：“太阳宝宝起床了，想跟你一起玩儿呢！”或者，孩子乱扔玩具，可以说：“你把玩具扔在地上，他都摔疼了，快把他抱起来，哄哄他吧！”

要注意的是，你说的时候，语气和语调一定要像模像样，用拟人化的童真语言，孩子才能听进去。

◎ 提前做好约定

如果我们决定带孩子去商场，可以预料孩子会见到喜欢的玩具，那在出门前就要跟孩子约定好，是不是可以买玩具，如果能买的话买几个，有没有预算，如果看中的玩具超过预算要怎么办，如果不能买原因是什么。这些都要跟孩子说清楚并反复确认，让孩子理解你们的约定。一般来说，如果是事先约定，孩子已经有了心理准备，他更容易遵从，即使是哭闹，只要你坚持，他也会很快恢复平静。

◎ 一起制订愿望清单

可以根据家里的具体情况，和孩子约定可以买玩具的日期，比如过生日、六一儿童节，或者新年等，请孩子在日历上把这三个日期做个标记，到了这个日期，就可以满足孩子一个买玩具的愿望。如果孩子平时想买玩具，你可以帮助他把想要的玩具写在一张纸上，作为孩子的愿望清单，等到了买礼物的日子，让孩子从中挑选一个最想要的，你一定要说到做到，要真的买，这样孩子才愿意等待。

可以马上做的三件事

- ✔ 和孩子约定可以买玩具的日期，制订一个愿望清单。
- ✔ 模仿玩具说话，要求孩子把他的玩具收拾整齐。
- ✔ 带孩子逛商场，出门前跟孩子做好约定。

13

28 ～30 个月的宝宝

培养抗挫力，不再玻璃心

你可能遇到的问题

- 孩子受不了一点儿批评，光爱听表扬的话，一挨批评就不高兴
- 玩游戏只能赢不能输，一输就大哭

以上情况如果只是偶尔出现，那是正常的情绪发泄，不用过度担心。如果经常如此，说明孩子的抗挫折能力比较弱，需要注意。

抗挫力培养是关键

抗挫力是一个人处于困难、挫折、失败等逆境时的心理协调和适应能力。美国宾夕法尼亚大学的多年研究表明，有良好抗挫力的孩子不怕失败、善于适应环境、机智、有毅力，能够灵活多变地解决问题。而缺乏抗挫力的孩子害怕失败、害怕挑战、忧心忡忡甚至崩溃，很难从挫折情绪中恢复过来。

解决方案

◎ 抓住机会看当下

当孩子受挫时，家长可以通过 3 个步骤来培养孩子的抗挫力。

1. 接纳情绪，共情陪伴。家长都有这样的经验，当孩子崩溃大哭的时候，不管你说什么，只会让他哭声更大。所以，在孩子因受挫而情绪崩溃时，不批评、不讲道理，在旁边陪着就好。其实，孩子也需要体验失败的滋味。

2. 鼓励重试，重建信心。当孩子情绪平复，鼓励孩子再试一次，比如，孩子想把积木搭高却总是失败，你可以教他试着把最大的一块放在最下面，或者先试着搭3层，再搭5层，做到后逐步提高难度，孩子在这个过程中会积累信心和经验，最终实现目标。

3. 失败分享，提升认知。心理学家玛德琳·莱文说过，孩子只看到我们是成功人士，而不了解我们一路遭遇的曲折、坎坷和挫折。当孩子情绪平复后，和孩子讲讲你曾经遇到的挫折，比如工作中的失败、失望，以及这些事情对你的打击，你是怎么战胜挫折重新前行的。要让他们知道，挫折是生活中不可避免的，我们可以从错误中学习，把失败看作新的起点，继续前行。

◎ 培养抗挫力靠平时

1. 正确夸奖和批评，把行为和人格分开。爸爸妈妈夸奖的方式会影响孩子对待难题的态度。要夸的是他通过努力做到的事情，他在失败中总结出的新方法，鼓励他在下次遇到挑战时可以通过不断努力而成功。比如，“你拼拼图时，观察得真仔细，知道先把颜色相同的放到一起”或者“你试了好多次都没有放弃，终于搭成功了”。

这些坑不要踩

✘ 认为自信心是夸出来的

有些家长不管孩子做了什么，都会夸“真棒”，认为这样能增强孩子的自信心。殊不知，这样教育长大的孩子行动上更犹豫不决，害怕尝试。

✘ 不断给孩子制造挫折

有些家长认为挫折教育就是让孩子不断经受挫折，但重复受挫，会让孩子陷入习得性无助，丧失再次尝试的信心。

批评也一样，批评孩子时需要确保是在针对行为，而不是针对人本身。我们可以批评他的行为，因为行为是可以纠正的，而不是批评他是“坏孩子”，因为这无法纠正。

2. 允许犯错，给孩子做事的机会。孩子是从错误中学习的，比如，他刚开始往杯子里倒水时，水会洒出来，但是练习几次后，他就会倒得很稳，能力的提升会带给他自信。

3. 教孩子正向思考，用“还”字鼓励孩子。在芝加哥的某所高中里，当学生的某一门必修课没通过时，那门成绩会被标为“not yet”，而不是“fail”。因为“fail”会让人沮丧，觉得自己一事无成，但“not yet”会让人觉得自己还在学习中，有改变的空间。

“yet”有“还”的意思，在你和孩子对话时，学会用“还”一样可以起到鼓励作用。我们可以有意地将“你不会穿衣服”，改为“你还不会穿衣服”，后面还可以再加上一句：“你正在学习和练习。”潜移默化中，孩子就形成了积极正向的思维模式，再碰到不会做的事情，孩子会想“我还不会做，我以后会做到的”，而不是做不到就崩溃大哭。

可以马上做的三件事

- ✔ 用“还”字鼓励孩子。
- ✔ 和孩子玩游戏时，夸奖孩子某个具体的行为。
- ✔ 和孩子分享你失败的一件事，告诉他你是怎么战胜挫折的。

孩子被小朋友打了怎么办

你可能
遇到的问题

- 孩子被其他小朋友打了也不知道还手
- 孩子的玩具被人抢了，自己还被推了一把，对方家长却不管不问

孩子被打，家长需要在不同场景下采取不同的方式应对。

分清情况是前提

家长看到孩子被打既心疼又着急，这可以理解。但是家长首先要摆正心态，这个阶段的孩子之间发生冲突很正常，孩子被打，有时并不是恶意冲突，或者孩子不小心被打的时候，可能他自己都不是非常在意。

当孩子被打后，如果他只是不解地盯着打人的孩子或者愣了一下之后很快投入其他游戏中，这时候家长不用干预，在旁边观察并保护孩子不再受攻击就好。但是如果出现下面三种情况，就一定要上前询问和干预：一是孩子遭遇了故意欺凌；二是孩子不安地哭泣，寻找家人；三是孩子跑到家人身边并躲在家人身后。

解决方案

◎ “攘外先安内”

1.“安”大人，情绪要平和。“安内”首先“安”的是大人，作为父母，自己的孩子被打了，心里一定很难受，甚至有些父母感觉就像自己被打了一样，这其实是将孩子作为大人“自我”的延伸，而这种“自我受损”的感受通常会以焦虑、愤怒的形式表现出来。

2.“安”孩子，接纳孩子的情绪。当孩子来寻求你的帮助，这时你需要做的第一件事就是陪伴他、安慰他，让他在事件中感受到的恐惧和难过随着哭泣而消散。你可以抱着孩子，用语言表达出孩子的感受，比如：“被小朋友打了，现在很生气，是吗？”告诉孩子，打人是不对的行为，爸爸妈妈会保护他。等孩子的情绪平复下来，再决定下一步如何解决问题，这就是“攘外”。

3.“攘外”不是追究责任。一般情况下，见到自己孩子抢了他人的东西或推搡别人后，父母会主动让孩子还回东西或道歉，这时候可以引导被抢了东西或被打的孩子原谅对方，比如：“小朋友知道打人是不好的行为了，他跟你说对不起，你愿意原谅他吗？”通常，孩子都是宽宏大量的，他愿意原谅，那就可以接着玩。如果孩子不愿意原谅也不要勉强，你可以跟抢东西或打人的孩子说：“他还是有点儿生气，现在不想原谅你，也许过一会儿他就原谅你了。”

如果对方父母没有意识到问题所在，或者没有干预，你也不用非要较真，“熊孩子”的背后必定有一个“熊家长”，对不讲理的家长，最好的方法就是远离，我们要让孩子变得有力量，知道如果再遇到这样的情况该怎么办。

◎ 训练应对方式

美国儿科学会对孩子被打给出的建议是：

1. 直视对方的眼睛，大声告诉他停下。

2. 不慌张，不躲避，保持镇定，坚定地看着对方。

3. 用坚定的语气告诉对方：“我不喜欢你的行为。”

4. 不理对方，直接走开。

5. 如果对方还跟着你，向其他成年人求救。

那具体要怎么做呢？

1. 在日常生活中，通过角色扮演、讲故事等方式，和孩子预先演练不同的应对办法，让孩子敢于开口表达不满。比如，玩具被抢时，说：“这是我的玩具！”被人推搡或拍打时，大声说：“不要推我，打人是不对的！”被强迫做某些事时，说“我不去”“不行”“不可以”。如果孩子能在被打时用坚定、果敢的方式回应，就能削弱对方的气势，因为打人者也是欺软怕硬的。

2. 帮助孩子“修炼”一个不被欺负的“气场”。比如，走路时抬头挺胸、勇于直视他人的眼睛等，可以传递出一种“我很勇敢、我不害怕”的信号，这在很大程度上能帮助孩子远离欺凌。

3. 教孩子学习调节情绪。有些故意打人的孩子，看到被打的孩子生气或者哭，他会觉得自己很成功，会强化他打人的行为。我们可以和孩子一起练习怎么冷静下来，比如数数、深呼吸。控制自己的情绪，不要和打人的孩子争辩，忽略他们，径自离开。

4. 教孩子学会求助很重要。大声呼救就是一种有效的方式，这样能更快引起别人的注意，寻求帮助。

可以马上做的三件事

- ✓ 和孩子玩一个角色扮演的游戏，轻轻拍打他一下，引导他大声说出“不要打我，打人是不对的”。
- ✓ 抬头挺胸、直视孩子的眼睛，做出示范，让孩子模仿你的样子。
- ✓ 和孩子一起练习，通过深呼吸冷静下来。

教孩子延迟满足的正确方法

你可能
遇到的问题

- 为了培养孩子延迟满足的能力，孩子要什么都不当下满足
- 孩子自控力差，一有机会就拼命吃零食

延迟满足能力对孩子来说是一种积极有益的能力，问题是如何正确培养。

延迟满足很重要

简单来说，延迟满足就是为了更大的目标放弃眼前的好处，学会等待。它是孩子自我控制的表现之一，也是很多家长希望孩子具备的能力。

关于延迟满足，有一个著名的棉花糖实验。研究者将棉花糖交给孩子，并在离开前说："如果 15 分钟后我回来，你还没吃掉第一颗棉花糖，便会再多给你一颗。"这个实验的最初目的是测试孩子什么时候发展出自控力。但是 20 年后，研究者发现，当年"能够等待更长时间"的孩子，成年后取得了更高的成就。

2018 年，发表在《心理科学》上的一篇文章，推翻了棉花糖实验的结论，认为孩子能否取得成功，并不取决于他是否有延迟满足能力，而取决于他背后的家庭。但是，该结论的提出者泰勒认为，这项新研究不应该被解释为延迟满足能力不重要。加州大学河滨分校的心理学教授大卫 · 范德经过研究发现，延迟满足能力强的孩子，情绪更平稳，更容易面对挑战，策略性也更强。也就是说，延迟满足能力的确是一项对孩子积极有益的能力。

解决方案

◎ 为等待的当下赋能

在孩子需要等待的当下，我们可以让等待的过程变得更有意义。

1. 给孩子合理的等待理由。比如，在游乐场里，大家都想玩一个项目，那就需要排队等待。如果孩子在等待过程中表现得着急、没有耐心，我们可以对他说："妈妈也想早一点儿轮到宝宝，大家都想玩这个项目，就是会等得久一点儿。"通过反复强调，孩子会明白，如果他想玩，就要排队等待。多几次这样的经历，这个规则就会内化为孩子的延迟满足能力。

2. 改善等待时的体验。比如，在等公交车的时候，我们可以让孩子讲个故事、唱首歌，或者做个游戏。孩子想想其他好玩的事情，就不会觉得等待的时间过得太慢了。我们还可以发挥语言的"制动"功效。比如，我们在孩子排

这些坑不要踩

✗ 一直不满足孩子

"延迟满足"被很多家长奉为育儿真经，在孩子提要求的时候，他们故意不满足或延迟，想以此培养孩子的延迟满足能力。殊不知，一直不被满足的孩子在面对诱惑的时候会更沉不住气。而且，有些事可以延迟满足，有些却不能，比如孩子的生理需求要即时满足。

✗ 不信守承诺

当孩子提出要求时，有些家长可能会随口敷衍，许下承诺，之后却没有按照约定满足孩子。比如，要吃午饭了，孩子突然想吃饼干，家长不想给，就哄骗说："等吃完饭就给你吃饼干。"结果，孩子吃完饭，家长却没给饼干。这会让孩子觉得家长说话不算数，丧失信任感，从而导致延迟满足训练难以进行。

队玩滑梯快要等不及的时候，说一句“再等一会儿吧，很快就轮到你了”。我们也可以教孩子自己提醒自己“我排第二个了，再过一会儿就轮到我了”。这样，能够给等待一个缓冲。

3. 谈论等待后的体验。比如，孩子为了玩一个游戏项目等了很久，我们可以在玩的过程中或玩过之后，和孩子聊聊玩的感受：“这个游戏是不是很好玩？你有没有觉得等一会儿也是值得的？”这样的谈话能够帮助孩子内化延迟满足的能力。

◎ 日常生活中讲方法

1. 改变观念，要延迟先满足。你可能有过这样的体验，平时你对孩子吃零食控制得很严，一旦有吃零食的机会，孩子就会拼命吃。但是如果家里有充足的零食，孩子反而都想不起来吃。所以，要培养孩子的延迟满足能力，首先要满足孩子。当然，这种满足不是无节制的满足，而是和孩子约定，比如一天只能吃一块糖，或者在生日的时候、新年的时候才可以买玩具等。

2. 换一种说法。要吃午饭了，孩子突然想吃饼干，或者吃着饭时非要看电视，不要直接拒绝说“不行”，而要换一种沟通方法，比如“好的，等吃完饭就可以吃饼干，作为饭后甜点”或者“好的，等吃完饭就看一集动画片”。或者孩子在玩具专柜看到一个玩具，如果你没有预算不想马上买，也不要直接拒绝说“不行，说过不能买”，而是和他约定一个时间，比如，“好的，等你过生日时我们就来买”。

你回答“好的”，是答应了孩子的请求，再明确地告诉他并不是现在，而是要等一段时间，然后把具体的时间或者日期告诉他，孩子会更容易接受，无形中也培养了延迟满足的能力。

3. 承诺要做到。2021 年，美国罗切斯特大学“延迟满足再研究”小组发表研究结果，显示延迟满足能力与信任感密切相关。实验分两组，第一组孩子面对的是大人信守承诺，答应给孩子买蜡笔真的买了，而第二组孩子面对的是大人找借口没有给孩子买说好的好看蜡笔。在实验的第二步，回到传统的棉花糖实验，结果，第一组孩子延迟满足的平均时间比第二组孩子长得多。

所以，一旦答应孩子，比如“吃完饭看动画片”，或者“过生日的时候买玩具”，有了这样的约定，家长就要说到做到，不要觉得孩子小就可以随意哄骗。否则会让孩子觉得你说话不算数，就不会再信任你，延迟满足也就无法进行了。

可以马上做的三件事

- ✔ 反思你对延迟满足的看法，重塑认知。
- ✔ 明确哪些事可以延迟满足，哪些不能，比如孩子的生理需求要即时满足。
- ✔ 带孩子坐一次公交车，感受等待的过程。

如何培养孩子的想象力

你可能
遇到的问题

- 问孩子月亮像什么，他支支吾吾说不出来
- 孩子喜欢瞎想象一通，根本不符合现实

遇到类似问题，家长先不要焦虑，孩子的想象力跟成人不一样。

想象力是决胜的关键

众所周知，智能机器人的基础是计算机，而计算机的本质是“算法”，因此，对于那些非理性的思考方式，机器人很难掌握。从心理学的定义看，想象是对头脑中已有的表象进行加工，重新组合成为新形象的过程。站在这个角度，人类和智能机器人的决胜点显而易见，那就是想象力！只有人才能将一朵白云想象成一颗棉花糖，将一根木棍想象成魔杖，这些都是逻辑运算无法做到的。所以，未来不是知识的竞争，而是想象力的竞争。

解决方案

◎ 重视知识积累

除了让孩子多走出去，参与社会活动、户外活动、接触大自然之外，在这

这些坑不要踩

✗ 认为想象力没法练习

有些家长觉得想象力是天生的，没办法练习，这其实是一个误区。想象来源于知识，是对知识的加工。如果我们要在脑海里想象出一头会飞的大象，首先得知道大象长什么样子；然后要知道会飞的东西有哪些特征，比如它们都有翅膀；再把它们组合在一起，会飞的大象就出现了。

✗ 否认孩子的想象

孩子的想象天马行空，很多家长会忍不住进行“指导”。比如，孩子在纸上涂涂画画，然后指着一堆凌乱的线条说，这是他画的妈妈，这时很多家长可能会说：“这哪儿像妈妈啊，妈妈的脸呢？眼睛呢？嘴巴呢？来，妈妈教你画！”殊不知，这个时期的孩子和成人的思维是不同的，过于强调符合现实的认知，否认孩子的想象加工，是对想象力的巨大破坏。

个月龄段，我们还可以引导孩子看一看百科类的非故事绘本，或者几分钟的纪录短片，扩大孩子看见真实世界的途径。

◎ 利用语言引导

据研究发现，2～3岁儿童的想象过程是完全没有目的的，并且进行缓慢，想象与记忆的界限不明显，想象内容简单贫乏。因此，在这个阶段，成人的语言提示对孩子的想象加工有着重要的作用。用语言引导孩子进行想象游戏，远比让孩子漫无目的地想象有效得多。

◎ 运用提问技巧

有两个提问技巧，能够有效帮助孩子展开想象。

1. 多问问“像什么”。2～3岁孩子的想象是在问题情境中产生的，我们提出的问题会变成他想象的动机。比如，当孩子咬了一口圆形饼干，我们就可以问一问他："现在饼干弯弯的，像什么呢？"如果孩子回答"不知道"，我们可以用语言引导他想象："我觉得现在饼干弯弯的，像天上的弯月亮，那它除了像弯月亮，还像什么呢？"

2．多问问"如果"。比如，我们可以对孩子说："如果这块饼干是一艘船，那这艘船是用来做什么的呢？"这时候，我们要给他一些时间，用提示性的问题不断丰富情节，丰富想象的实际内容。

可以马上做的三件事

- ✔ 让孩子想象一头会飞的大象，并将它画出来。
- ✔ 问问孩子圆圆的月亮像什么，弯弯的月亮像什么。
- ✔ 引导孩子想象，如果圆圆的月亮是块饼干，那它是什么味道的。

如何用积木玩出数理思维

你可能
遇到的问题

- 不知道用什么方法培养孩子的数理思维
- 不知道用什么教具训练数理思维

数理思维的重要性有目共睹，但很多家长并不知道应该怎样培养。其实，大家都很熟悉的积木就特别适合用来培养孩子的数理思维。

培养孩子的数理思维

这个月龄的孩子要上幼儿园了，不少家长开始关心学科启蒙的问题，尤其是数理思维这一项。在培养学龄前孩子的数理思维时，我们要着重关注这几种能力：对应、表征、分类、排序和空间感知。因为积木本身包含数量、形状、图形、颜色和空间这些在数理思维中特别重要的概念，如果在孩子玩积木的过程中进行适当的引导，就能让他轻松掌握这些概念。

积木的玩法

◎ 对应游戏

最简单的玩法是颜色和形状的一一对应。我们可以找出几种不同颜色的彩笔，让孩子根据彩笔的颜色在一堆积木里找到相应的颜色；或者找出几只不同颜色的袜子，让孩子找到对应颜色的彩笔，分别塞进袜子里面。形状的对应则可以这样玩：在家里找几个不同形状的东西，让孩子在积木里找到相同或相似的形状进行配对。我们还可以和孩子玩数和量的对应，比如我们拿出 3 根彩笔，让孩子拿出相同数量的积木。

◎ 按数找积木

孩子对“数字符号可以代表别的东西”，比如“数字 3 可以代表 3 块积木”这种概念的理解，就是表征能力的体现。所以，在按数找积木的过程中，能够培养孩子的表征能力。比如，我们在纸上分别写出 1、2、3，让孩子在数字后面摆出对应数量的积木。

◎ 分类游戏

分类游戏和对应游戏类似，只是增加了一个明确的标准，比如颜色、形状、大小、粗细等。我们要让孩子找到所有符合标准的积木，比如：把几块红色的积木混在一堆绿色的积木里面，让孩子把红色的积木找出来；或者把一块正方形的积木混在一堆长方形的积木里面，让孩子把不同的那一块挑出来。

更有挑战性的玩法是，把一堆积木放进袋子里，让孩子伸手去摸，凭手感将指定形状的积木挑出来，这种玩法很考验孩子对每种形状特征的认识。在玩分类游戏时，我们还可以通过对比积木的大小、长短、高矮、粗细等，帮助孩子认识各种相对概念。

◎ 排序游戏

我们可以按照一定规律把积木排列好，引导孩子发现规律。比如，按照“红黄蓝—红黄蓝”的颜色顺序排列同一种形状的积木，先摆好 3 组积木，在摆第 4 组时，将蓝色的位置空出来，让孩子补充，这就是横向排序练习；练习纵向排序时可以在一个正方体上面放一个圆柱体，按这样的规律摆好 3 组积木，让孩子摆第 4 组。

◎ 图形拼搭

最开始，我们可以让孩子搭配平面图形。比如，在纸上画出由几个平面图形组合而成的图形，让孩子找到相应的磁力片积木，再按照纸上的样式拼搭起来，从 1 个图形开始，一步步增加难度。然后，我们让他进行平面和立体图形之间的对应：在纸上画出平面图形，让孩子根据平面图形找对应的立体积木。比如，让孩子看着圆形和正方形的组合，找圆柱体和正方体的组合。这个过程是帮助孩子认识二维和三维空间关系很重要的一步，也是孩子在进行系统的立体图形搭建前的关键步骤。等孩子能够顺利地按照平面图找到对应的立体积木后，就可以开始系统的立体图形搭建了。这时，我们再拿出早已准备好的图纸，让孩子按照图纸上的模型去搭建。

另外，在孩子搭积木的同时，我们还要强化孩子对空间方位的认知，比如对他说："蓝色的积木上面是红色的积木，下面是黄色的积木；正方形的后面是圆形，前面是三角形。"拿出积木的时候，我们可以告诉他："我们要把积木从袋子里拿到外面。"在收拾玩具的时候，我们还可以说："我们正在把积木放进盒子里。"这样，孩子很快就能掌握上下、前后和里外这几个空间概念了。

可以马上做的三件事

- ✔ 用积木和孩子玩一次数和量之间的对应游戏。
- ✔ 用积木和孩子玩一次形状分类游戏。
- ✔ 用积木和孩子玩一次按颜色区分的排序游戏。

这样聊天，孩子记性更好

你可能遇到的问题

- 明明是昨天发生的事，一问孩子却一问三不知
- 孩子只能记住一些无关紧要的事情

其实，上面这些情况通常不是因为孩子记不住，而是他不知道如何在需要的时候，把脑中的记忆翻找出来。

记忆的特点

我们的记忆就好比一座巨大的仓库，里面放满了东西，但当我们要用到某样东西时，能不能快速地找到那样东西是另一回事。这个找东西的过程，就是回忆的过程。而这个月龄的孩子还不能快速、准确地调取记忆，所以才会出现答不出来或者答非所问的情况。一般来说，3 岁之前的孩子，主要有以下 3 个记忆特点。

第一个特点是无意。孩子的记忆是没有目的性的，他不会想到这个信息是有意义的，也就是说，他往“仓库”里放的东西是随机的。能进入他的“仓库”的，一般是一些能吸引他注意力、让他印象深刻的东西，或者让他有情绪波动，又或是重复出现在他眼前的东西。比如，我们带他读绘本的时候，他对某一页中的一只小狗特别感兴趣，读完整本书可能只记住了一只狗，这是正常的现象。

第二个特点是无序。这个阶段的孩子还不能按时间或事情发生的先后顺序记住事情，并且这些事情互相之间也不一定有什么联系，所有记忆都是一些散乱的点。此时，在孩子的记忆仓库里，东西杂乱无章地堆放着，让他从“仓库”里找某个东西很困难。

第三个特点是形象记忆。我们有时候也把孩子的记忆称为“场景记忆”或“照相机式记忆”，意思是孩子储存记忆的方式跟照相机一样，记忆仓库里存放的大多是一张张照片或一幅幅画，不像我们的记忆仓库中既有文字也有画面。

解决方案

◎ 找到记忆点，引导回忆

我们可以通过引导孩子的回忆，帮助他在大脑中精确定位，成功唤醒记忆，逐渐提升回忆的速度和准确度。比如，我们在跟孩子聊天时，从他感兴

这些坑不要踩

✗ 缺乏有序引导

有些家长引导孩子回忆时，不会特意厘清多件事情的顺序。比如，家长问孩子：“我们昨天都做了些什么呀？”为了回答这个问题，孩子需要在凌乱的记忆仓库里搜寻所有跟昨天有关的事情，这个搜索的过程就如同大海捞针，很有可能捞了半天什么也没捞到，或者只捞出一些片段，完全回忆不起其他事情。

✗ 问题过于宽泛

有些家长在唤醒孩子的记忆时，喜欢问一些宽泛的问题。例如，“我们昨天遇到了谁？”因为给孩子提供的信息就只有“昨天”这个抽象的时间概念，他在利用这个信息作为关键词去记忆仓库里搜寻的时候，线索非常有限，很难对应脑子里的画面。

趣、给他留下美好印象的那些时刻入手，问他：“你还记得那本书里有一只长得特别奇怪的小动物吗？嘴巴那么大，一想起来就好笑！”比起让人糟心的事，我们更容易记住那些让我们开心、感觉良好的时刻，因为这能让我们保持积极的心态，对自我和生活都更有信心，孩子也是一样。

◎ 理顺记忆，归类延伸

使用“首先”“然后”“最后”这种表示顺序的词，能够帮助孩子重新整理碎片化记忆。比如，我们可以这样说：“我们昨天首先吃了早餐，然后从家里出门去了公园，最后去超市买了东西。”同时，我们还可以用归类和延伸的方法，帮助孩子把原本零散的记忆通过共同点联系起来，这个过程类似于“整理记忆仓库”。例如，当我们跟孩子聊与小狗有关的一段经历时，就可以利用“小狗”这个共同点，把孩子记忆中所有跟小狗有关的经历，包括昨天的、上周的，甚至更久远的记忆都唤醒，让它们之间产生联系。

◎ 描述画面，还原现场

当我们引导孩子回忆时，可以从具体的情景和细节入手，帮助孩子还原现场，并且调出他脑子里的画面。这就要求我们少问孩子宽泛的开放性问题，而要问充满画面感的具体的描述性问题。如果我们给孩子的信息本身就是一幅画，或者是一幅画的一部分，就能帮助他更快地回忆起来。比如，我们可以先描述昨天的某个场景，再提问：“昨天，我们在逛公园时经过了一个大湖，湖边有一片草地，我们在草地上遇见了我们都认识的人，那是谁？”

可以马上做的三件事

✔ 找一件最近跟孩子一起做过的事，从孩子最感兴趣、印象最深刻的一点，引导回忆。
✔ 用“首先……然后……最后……”，引导孩子回忆最近做过的事情。
✔ 描述昨天的某个场景，问孩子昨天做了什么。

14

30～32个月的宝宝

如何给 3 岁的孩子建立规则

你可能遇到的问题

- 给孩子定了规矩，可是无法坚持
- 不让孩子做什么事，可是说了无数遍也不管用，不知道怎么管

“没有规矩，不成方圆”，给孩子立规矩是父母应该负起的责任。

培养规则意识的重要性

幼儿期是萌生规则意识和形成初步规则的重要时期。从小帮助孩子建立规则意识，一方面有利于促进孩子意志力、控制力和思维能力的发展；另一方面有利于促进幼儿社会性的发展，帮助孩子建立充分的安全感，适应不同的社会环境。

对于这个阶段的孩子来说，我们需要给孩子建立的规则涉及方方面面。比如：

1. 生活方面的规则。学会自己吃饭，不用大人喂。不要在吃饭的时候随便离开座位。玩完的玩具要收拾归位。入园前能自己穿脱衣服。学会自己大小便。

2. 安全方面的规则。过马路要拉着大人的手，不可以乱跑。远离电线等危险物品。不可以爬到窗台上。

3. 社交方面的规则。懂得说“你好”“谢谢”“对不起”等礼貌用语。不随便打断别人的讲话。在公共场合不能大喊大叫，尽可能保持安静或轻声细语。

这些坑不要踩

执行不坚定，孩子一哭就妥协

当孩子违反规则要承担后果时，孩子会生气、哭闹，大人就会内疚、担心、焦虑。比如，你们约定半小时吃完早饭，如果没吃完就收了，而且没有零食吃。孩子没有吃饱，过一会儿他就会哭着要吃饼干，此时有的家长因为担心孩子饿着，又不忍心看孩子哭，就妥协了。殊不知，一旦妥协，规则就无法继续执行了。此外，孩子还抓住了大人的软肋，以后稍不如意就会大哭，直到满足要求。孩子将哭闹变成了要挟大人的手段。

正确的做法是预见孩子可能会有的反抗和试探。我们要接纳孩子的情绪，当他哭的时候，就抱着他："我知道你还没有吃饱，很想吃饼干，但是我们早就说好了。"我们接纳孩子的情绪但是不妥协，孩子会知道，妈妈爱我，但是并不会因为爱我、因为我哭，原来不可以做的事情就可以做。

规则不一致，朝令夕改

很多家长会有这样的情况，心情好的时候，对孩子的行为容忍度就高，即使不太好的行为也能接受；一旦心情不好，对孩子的同一种行为反应却不一样。

比如，已经约定孩子不可以在沙发上吃饼干，妈妈心情好的时候可能就不以为然，但是哪天工作累了，回到家看到沙发上都是饼干屑，可能就爆发了："不是说过不能在沙发上吃东西吗？"这样前后不一致，孩子就会感到混乱，他遵从的不是规矩，而是害怕大人的坏脾气。

真正的规则要一致，不能随情绪变化而变化，也不能不同人采用不同的规则。比如不能看电视，应该是全家遵守的规则，不能只要求孩子不看电视，大人想看就看。如果孩子是被尊重的，那么规则会内化于心，成为他生命的一部分。

把违反规则的后果变成惩罚

规则理应包括违反后要承担的后果，但是这个方法使用不当的话就会变成惩罚。比如，孩子看完一集动画片后哭着还要看，妈妈说："你犯规了，这周末就不能去动物园了。"这话听上去是建立规则，同时也有后果，但是因为看动画片和周末去动物园玩没有关系，这个后果就变成惩罚了，会引起孩子更大的哭闹和不满。

所以，后果要与孩子的行为有关，比如，今天看动画片没有遵守规则，那明天就不能再看了。

解决方案

◎ 制定规则要明确

给孩子的行为列一个清单，然后按重要性排列，选择当下最需要解决的问题，明确自己想要的结果，而不是消极地责备、威胁和抱怨，如“为什么你总是在床上吃东西！”“如果你再这样我就……”“你不要总是……”

规则内容一定要清楚、具体、易于理解。比如，把“不要用画笔到处乱画”换成“画笔只能在纸上画，不能在墙上、地板上、桌子上或其他地方画”。再比如，给孩子建立“把玩具收起来”的规则时，我们可以说“把积木放回积木箱，让玩具汽车回到‘停车场’”，这是一个更加明确的规则，孩子在执行的时候有明确的目标，也就更容易遵守。

◎ 提前约定显尊重

明确要解决的问题后，我们可以选择一个特定时刻，在自己和孩子的心情都愉快的时候，认真地告诉孩子，我们要和他做一个约定，告诉他我们希望他怎么做，如果他违反了，需要承担什么样的后果。我们要尊重孩子的想法，跟他讨论，最终就规则的内容和违反规则要承担的后果达成一致。

在约定的时候，向孩子解释立这个规矩的原因，如果孩子能理解，那就更容易接受。如果大人的态度认真，孩子也会重视起来。如果孩子参与了规则的制定，他也会更乐于遵守。

◎ 执行规则要坚定

我们执行规则的时候，除了要接纳孩子可能会有的反抗情绪，还要“言必信，行必果”，也就是执行规则要坚定。

如果你们约定不能在沙发上吃饼干，但是当孩子边吃边坐到沙发上时，你只是跟他说“不可以”，没有确认他是否停下来，规则就会失效。当你明确阻止没有产生效力时，你应立即采取行动，把他从沙发上抱下来，抱到饭桌前。

有时孩子会故意挑战父母的“不”，故意激怒大人，就想看大人生气的反应。这种情况下，你要情绪平静，不要生气，坚定地把他抱走就可以了。

要提醒的是，在规则执行的过程中，孩子一定会有反抗和试探，家长要做好心理准备，要做到温和而坚定。只有这样，这个规则才会内化于心、外显于行，成为孩子受用一生的财富。

可以马上做的三件事

- ✔ 找到当下最需要给孩子制定的规则。
- ✔ 跟孩子讨论规则的具体内容，并将商定好的规则写到纸上。
- ✔ 检查一下日常对孩子的要求中有没有超出他能力范围的，如果有就去掉。

如何引导孩子观察

你可能遇到的问题

- 和孩子玩找不同的游戏，孩子盯着图看了半天就是找不到有什么不同
- 带孩子去公园，让他观察大自然，可是看了半天也没什么收获

观察力是可以培养的，良好的观察力能帮助孩子更好地认识世界，对孩子的智力发展以及个性形成有很重要的作用。

什么是观察

观察不等于看见，从心理学的角度讲，观察和看有巨大的区别。观察是一种有目的、有计划的感知活动，是知觉的高级形态。这里包含两层内容：第一，有目的、有计划，说明观察不只靠眼睛，还需要积极的思维活动，即需要动脑；第二，观察是一种感知活动，感知不仅限于用眼睛看，盲人用手触摸也是一种观察。

对学龄前的孩子来说，观察是他们获取信息、丰富表象、发现事物之间联系的基础。良好的观察能力对想象力、思维能力和表达能力的发展都有很重要的意义。

解决方案

◎ 让孩子在生活中观察

孩子最初的观察活动是无意识的，如果这时能得到你的肯定，他的观察行为就会强化。比如，在公园里，当他看到小蚂蚁时，你可以吸引他的注意力，让他观察小蚂蚁找到食物、搬动食物的过程。这样就有可能使孩子的注意力更集中在蚂蚁身上，增加注意的深度，观察得更认真、更细致。

◎ 培养孩子观察的多感官化

比如，吃哈密瓜之前，我们可以先教孩子认识哈密瓜，让孩子仔细看看哈密瓜的形状、颜色等；再让孩子摸一摸，刺激他们的触觉；推一推，发现哈密瓜会滚；敲一敲、听一听，哈密瓜成熟了会发出什么声音。切开瓜，让孩子看看瓜里面是什么样，然后再闻一闻、尝一尝，感受一下味道。多种感官共同运用的观察方法，可以提高孩子观察事物的能力。

教孩子正确的观察方法

◎ 明确观察目标

因为观察是有目的、有计划的知觉活动，所以目标越明确、越具体，观察的效果越好。比如，带孩子去公园时，我们如果放任孩子漫无目的地观看，那么观察效果可能并不理想。倒不如给孩子树立一个明确的观察目标，比如指定孩子观察公园里的树叶，他带着这个目的就能观察到树叶的形状、颜色和大小等。因为有了明确的观察目标，孩子的注意力会很集中，能比较主动、积极地去观察，而且也会观察得更细致。

◎ 教孩子一些有效的观察方法

按照一定顺序观察事物的好处是不容易遗漏重要的信息。比如，玩图片游戏时，家长可以用手从上到下或者从左到右指一指，引导孩子按照一定的方位顺序来观察。这里需要注意的是，2 岁多的孩子还不能熟练分清左右，所以家长不能只给语言指令，而是要结合动作来引导。在观察过程中，我们还要鼓励孩子用笔做一些标记，这样方便观察过后还能找到。

我们还可以教孩子根据事物的主要特征进行比较观察，如认识苹果和梨子时，我们可以让孩子把两者放在一起对比，看看它们的外形、表皮及果肉、果核有什么相同和不同的地方。通过对照、孩子比较，对苹果和梨子的区别就更清楚、明确了。

◎ 和孩子一起观察

和孩子一起观察时要注意，因为孩子眼睛移动的速度、注意的转移、注意的宽度不如大人，因此，我们要给孩子足够的时间和空间，让他仔细观察，不要急于提示，否则不但会影响孩子观察的兴致，也剥夺了孩子观察的机会。

可以马上做的三件事

- ✔ 在逛公园之前和孩子商量一个明确的观察目标，可以是植物、动物，也可以是人等。
- ✔ 利用任意绘本或图片，带孩子做一次有顺序的观察。
- ✔ 吃苹果的时候，请孩子用多感官观察方法，描述一下苹果的特点。

如何让孩子爱上吃饭

你可能遇到的问题

- 让孩子好好吃饭太难了，每次都要追着喂
- 吃饭的时候孩子非得看动画片，不让看就不吃饭

吃饭是孩子的本能，如果你过于关注孩子的吃饭问题，孩子就会不断尝试和你进行争斗。

吃饭是本能

研究人员曾做过这样两个实验。

第一个实验，实验对象是 2 ~ 5 岁的孩子，他们都在自己家里，每天吃 3 顿饭和 3 次点心，每天的食物多样且均衡，偶尔也会出现甜点。特殊之处在于每次都是双份，他们可以自己决定吃多少。实验表明，孩子吃下的正好是他们所需要的量，他们不会暴饮暴食，虽然每餐的量很不平均，但是每天的总量都差不多。

第二个实验是关于吃甜食的，研究人员是用动物做的实验。在实验中，老鼠得到一份丰富的“超市食物”，包括饼干、奶酪、巧克力、香肠、花生酱。这些老鼠无法克制自己，总是吃得太多，相较正常进食的同伴，它们吃下了相当于平常两倍以上的量。

这两个实验说明吃饭是本能，孩子对自己的需求有完美的调节能力。如果允许孩子自己决定食量，且有多元、充足的食物选择时，他们不会吃得太少。但是甜食除外，甜食会打破我们自身的控制力，导致暴饮暴食。

所以，作为父母，你要做的就是给孩子准备美味、健康、营养均衡的饭菜，少盐、少糖、少油。如果你能放下焦虑给孩子权利决定要不要吃，吃多少，在这个前提下，他就拥有了天生的、按照需求去调节如何吃饭的本能。

解决方案

◎ 约定吃饭的规则

第一个规则，固定用餐时间。固定用餐时间是指将一日三餐和两次点心时间控制在固定的时间段。此外，一餐固定在 30 ～ 40 分钟，家长不要使用任何招数哄孩子吃饭，如果时间到了，就平静地收拾餐桌。即使孩子哭闹也要坚持，孩子慢慢就能学会在规定时间内吃完饭。

第二个规则，吃饭时要坐在餐桌前。因为只有当孩子专注于面前的食物时，他天然的本能才会起作用，也只有这样他才会需要多少吃多少。

如果孩子吃饭时总想从餐桌前站起来，你不要发脾气，只需要平静地把他放回餐椅上，告诉他“吃饭要坐到餐椅上”，如果他第三次站起来，那就把他的食物收走，告诉他要等到下次点心时间才能吃东西。

第三个规则，吃饭时间可以选择不吃，但如果饿了就要等到点心时间。如果孩子拒绝吃午餐，不必拒绝他，但如果你收拾完饭桌，他闹着要吃饼干，你就该坚定并明确地说“午餐时间已过，如果想吃东西就要等到点心时间”。如果他哭闹，你可以表示理解，跟他说：“我知道你很想吃饼干，但是我们有约定，我可以陪你玩一会儿，到点心时间就可以吃饼干了。”不能妥协，但可以把点心时间比平时稍微提前一点儿。

◎ 营造良好的吃饭氛围

不要劝孩子吃饭，不要跟孩子讲条件，也不把他跟别的孩子比较，在餐桌上不要说“多吃点儿蔬菜”或者“再多吃点儿，你看 ×× 都比你高了”或者“如果你不吃青菜，就不能看动画片”。这样的话会让孩子对食物更反感，更抗拒吃饭。如果他说吃饱了，就允许他离开饭桌，不要追着喂。

◎ 接纳孩子有自己的口味偏好

就像你有喜欢吃的也有不喜欢吃的一样，孩子也会拒绝自己不熟悉的菜，每餐给孩子做一些熟悉的菜，少量添加不熟悉的菜，如果孩子拒绝不熟悉的菜也不要强迫，过几天再做，保持耐心。吃饭的时候，家长要带着享受的心情来吃，以此引起孩子的兴趣。

总之，吃饭是孩子的本能，如果你过于关注孩子的吃饭问题，孩子就会不断尝试和你斗争。一旦加入这场斗争，你一定是输的那一方。没有人可以用耍花招、强迫或奖励的方式来让孩子吃饭，你只能让孩子到餐桌上来，但是他是否吃、吃多少，只有他自己能够决定。孩子只需要一样东西，那就是你的信任。

可以马上做的三件事

- ✔ 根据自己家里的情况，跟孩子约定吃饭的规则。
- ✔ 吃饭的时候管住自己，不劝、不哄、不追着喂。
- ✔ 每餐至少做一个孩子熟悉的菜，对不熟悉的菜，可以推荐给孩子吃，但如果孩子拒绝，也不要强迫。

不要给孩子贴“说谎”的标签

你可能
遇到的问题

- 孩子学会了“说谎”，前一分钟你明明看到他把卫生纸卷扔了一地，后一分钟你问他是谁扔的，他会一脸无辜地回答“不是我”
- 这么小的孩子就会说谎，是品行问题，必须从小就教育

事实上，这个年龄的孩子说谎是普遍行为。

说谎是孩子心智发展的必经阶段

在一则名为《你真的可以识破孩子的谎言吗》的 TED 视频中，主讲人李康教授分享了他们团队在一项测试孩子是否撒谎的实验中得出的结论：不分性别、国籍、宗教，30% 的 2 岁孩子都会撒谎；3 岁孩子中撒过谎的占 50%；4 岁孩子，80% 都会撒谎。

这个实验说明，说谎不是个体现象，而是儿童随年龄发展的典型且普遍的行为，不但不是品德问题，而且爱撒谎的孩子情商和自控力都很强。

李康教授认为，10 岁以前，在大多数情况下，孩子的谎言是想象的体现，是儿童心智发展的必经阶段，父母不用太纠结于所谓“品行”和“道德”问题，只要说谎没有形成一再发生的负面模式就好。

解决方案

下面从孩子说谎的四个原因来分析，提醒家长不要因为不当教养方式而引发孩子的说谎行为。

◎ 做错事后害怕受惩罚

哲学家罗素说：“孩子不诚实几乎总是恐惧的结果。”美国著名儿童心理学家吉诺特分析儿童说谎的原因时也说：“说谎是儿童因为害怕说实话挨骂而寻求的避难所。”孩子年龄小，难免会做错事，孩子做错了事也会担惊受怕，尤其是已有过做错了事被训斥、惩罚的经验，再犯错误后就会捏造谎话来掩饰错误。

碰到孩子的说谎行为，家长一定要冷静对待，给孩子一个讲真话的机会。比如跟孩子说：“我现在走开一会儿，你再想想，希望你给我一个诚实的答案。”当孩子主动说了实话后，我们要先表扬孩子的诚实，然后妥善处理孩子的错误。千万不能因为孩子诚实地认了错而给他更严厉的责罚，人天然都是趋利避害的，若孩子承认错误后，我们仍严厉地责罚他，下一次他可能就会做出不诚实的选择。

◎ 模仿成人的言行

孩子的模仿能力强，辨别是非能力差，如果家长有撒谎的行为，孩子也会效仿。常见的就是家长对孩子许诺，但是由于各种原因未能兑现，孩子就会觉得大人在说谎。

所以，当孩子说谎，家长要反思，是不是自己给孩子树立了一个反面的榜样。如果给了孩子承诺就要认真履行，如果不能兑现则要向孩子说明理由，得到孩子的理解。

◎ 达到个人目的

随着年龄的增长，孩子有了直接提出要求而被拒绝的经历，于是就有了为达到某种目的不做某些事或为得到某些好处而编造谎言的行为。比如，有的孩子不愿去幼儿园，就会撒谎说“幼儿园有小朋友打我”或“今天肚子疼”。

面对这种情况，有些家长即使察觉到了也不忍拆穿，觉得没什么大不了的，这个时候孩子就会尝到说谎的甜头，下次还会用这一招。家长应明确指出孩子撒谎行为的错误所在，并告诉孩子应该如何做，善意的忽略其实是对错误行为的强化。

◎ 为了让大人高兴

有些家长对孩子要求很高，如果孩子表现得好就会很高兴，满足孩子的一切要求；如果孩子没有达到期望就会训斥孩子。长此以往，孩子为了取悦父母就会说谎。

面对孩子这样的说谎行为，家长别急着骂孩子，请先检查自己对孩子的要求是否得当，期望是否合理，适当的期望是孩子进步的动力，但如果期望超出了孩子的承受范围，就会让孩子形成心理压力，导致不良行为发生。

所以，当你面对孩子撒谎时，千万不要大惊小怪、惊慌失措，当然也不能置之不理。不妨冷静下来，在分析孩子撒谎的原因时，反省是不是自己不当的教养方式给孩子造成了压力。

可以马上做的三件事

- ✔ 反思自己平常给孩子的承诺是否做到。
- ✔ 思考自己对孩子的期望是不是合理。
- ✔ 认真了解孩子的真实需求。

孩子喜欢“搞破坏”怎么办

你可能
遇到的问题

- 刚买回来的玩具，就被孩子拆成一堆零件
- 一不留神，孩子拿妈妈的限量版口红当了画笔

遇到这些情况，你先不要生气，因为孩子“搞破坏”有时并不是一件坏事。

“搞破坏”源于好奇心

曾经，有位妈妈向陶行知先生抱怨，孩子把新买的一块手表拆坏了，她把孩子狠狠揍了一顿。陶行知先生听了，当时就说：“不了，恐怕中国的爱迪生被你‘枪毙’了！”后来，陶行知先生问这个孩子，为什么要把妈妈的新表拆开，孩子说：“我听见表里有嘀嗒嘀嗒的声音，想拆开看看是什么东西在响。”陶行知先生就带着孩子到了钟表店，看着师傅把表修好，临走时又买了一只旧钟，送给孩子带回去拆装。

这位妈妈不解，于是陶行知先生说：“孩子拆表是因为好奇心，孩子的好奇心其实就是一种求知欲，原是有出息的表现。你打了他，不是把他的求知欲打掉了吗？与其不分青皂地打一顿，不如引导他去把事情做好，培养他的兴趣。中国人对于小孩子一直是不许动手，动手就要打手心，往往因此摧残了儿童的创造力。我们应该学习爱迪生的母亲，那么理解、宽容孩子，那么善于鼓励孩子去动手动脑，这样，更多的‘爱迪生’们就不会被打跑、赶走了。”

听了这个故事，你有什么感受？这个阶段的孩子对周围的事物充满好奇，他们想知道，为什么钟表上的时针会转，为什么一按遥控器上的按钮电视就会打开，他们不满足只是从大人的口中知道为什么，他们更愿意通过自己的探索来了解这个世界。作为家长，我们能做的就是鼓励孩子，也许下一个“爱迪生”就是他。

解决方案

◎ 给孩子制定规则

为了避免不必要的损失，也为了避免孩子受到意外伤害，我们要跟孩子约定探索范围，把家中的物品分为三个安全级别：“红灯区”“黄灯区”和“绿灯区”。“红灯区”是坚决不能碰的，比如危险的电源、煤气等，如果有贵重的东西，最好收起来，不要让孩子拿到；“黄灯区”是需要征得家长同意的，比如面粉、盐等；“绿灯区”是孩子可以自主决定的，比如他自己的玩具，即使拆坏也不要责怪孩子。

我们可以和孩子一起做一张规则图，请孩子把能做和不能做的事画出来，可以将图片挂在孩子经常看到的地方，时刻提醒孩子。

◎ 给孩子提供能拆装的玩具

在给孩子选择玩具的时候，我们可以有目的地选择一些能够随意改变形状、可以拆装的玩具，让他随意拆装、组合，满足孩子动手的需求。

有些孩子不满足于玩玩具，这时我们也可以找一些废旧的、闲置的物品，比如旧钟表、遥控器等，让他自己拆着玩，既满足了孩子的探索欲，又锻炼了他的动手能力。

我们还可以给孩子提供能动手做实验的机会，家里的油、盐、醋等都能成为实验的材料。比如，将一滴油倒进水里会有什么变化；将盐放进水里又有什么变化；把一些物品放进水里，哪些能浮在水面，哪些沉入水底；等等。实验简单，但满足了孩子自己动手操作、观察探索的愿望，又提升了孩子的认知。

◎ 参与孩子的“破坏”行动

当孩子拆毁玩具的时候，我们可以试着坐下来，参与到孩子的行动中，问问他：“这里面是什么啊？”“怎么会坏了呢？”“我们一起把它修好，好吗？”然后，我们再和孩子一起把拆下的东西重新组装，恢复原样；或者带着他找人修好被弄坏的闹钟，让他看师傅是怎样拆闹钟、组装零部件的。这样一来，孩子就能在“破坏—探究—重建”这一过程中获得心理满足。

可以马上做的三件事

- ✔ 和孩子一起将家里的物品设为三个安全级别：“红灯区”“黄灯区”“绿灯区”。
- ✔ 和孩子一起拆卸并安装一个旧玩具。
- ✔ 从网上搜索一个简单的小实验，和孩子一起完成。

怎样应对孩子的“为什么”

你可能
遇到的问题

- 正忙的时候，孩子却一直缠着问“为什么”
- 孩子经常问一些稀奇古怪的问题，让人无法回答

事实上，孩子爱问“为什么”，是他思维能力发展的重要标志。

并非所有“为什么”都需要答案

孩子爱问“为什么”，这说明他关注的焦点从“表面”变成了“内在”，开始思考事物的内在逻辑，想理解表象背后的原因。但是孩子问起来没完没了，很多家长可能会感到很头疼：不回答会破坏孩子的求知欲，回答了又怕答案不准确。其实，孩子的“为什么”虽然无穷无尽，但不是所有问题都要给他一个答案，我们要做的是看懂并满足问题背后的需求。很多时候，对孩子而言，回应比回答更重要。

问题的类型

◎ 寻求关注型

孩子一般会在家长忙别的事情，无暇顾及他的情况下问这类问题。比如，我们忙着工作、打电话、回邮件的时候，孩子在身边不停地问：“为什么没空

呢？为什么要工作呢？为什么要打电话呢？”这时，孩子真正想要的并不是答案，而是我们的关注。

◎ 抗拒规矩型

孩子一般在遇到自己不想做，但又不得不做的事情时，也会不厌其烦地问“为什么”。比如，他正玩得高兴，我们告诉他该睡觉了，他可能就会问：“为什么要睡觉呢？为什么要晚上睡觉呢？”这种时候，孩子不乐意的情绪通常会比较明显。

◎ 求知型

还有一种情况，就是孩子确实对一个问题感到好奇，想从我们这里得到解答。比如，当他问“天为什么是蓝的？机器人为什么不是人？为什么白天看不到月亮？”这类问题时，大多是因为好奇。

解决方案

◎ 暂停忙碌，给予关注

忙碌的时候，孩子喋喋不休地寻求关注，可能会让我们烦躁，或是因为自己没时间陪他，隐隐感到内疚。但不管感受如何，如果想让孩子安静一会儿，我们最好先暂停手中的事，和他聊几句，告诉他，自己虽然很想陪他，但是现在确实走不开，等忙完手中的事就马上去陪他；或者亲孩子一下，抱抱他，让他“受到关注”的需求得到满足。

◎ 反客为主，确认需求

我们让孩子做一件事，他因为不愿意做，不停问“为什么”的时候，不要跟他讲道理，告诉他诸如“睡觉、吃饭都是为了身体健康”这样“实事求是”的答案，他并不想知道。我们可以反问他：“你觉得是为什么呢？”也可以直接点出他心中的“小九九”，让他意识到他的心思已经被识破了。比如，我们可以这样说：“你是还想玩，不舍得睡觉吧？咱们明天可以接着玩。”“你是不想吃饭，还是已经吃饱了呢？”这样，孩子的“为什么”就能暂时告一段落，我们也能确认孩子真正的需求。

◎ 认真回答，满足求知欲

当孩子出于好奇，刨根问底的时候，我们要认真回答他的问题，满足他的求知欲。在回答这类问题时，要注意以下三点。

1. 如果时间充裕，不要直接告诉孩子答案，而是通过提问的方式，引导他自己找到答案。这样他不仅会更有成就感，对于自己找到的答案也会印象更深刻。不管是直接回答，还是给孩子提示，我们都要从孩子的视角出发，联系孩子的生活经验和已有知识，用他听得懂的语言告诉他答案。

2. 如果实在没时间，就先给孩子一个简短但不敷衍的回应，让他知道他的问题是被重视的。比如，孩子问：“为什么晚上才有月亮？”我们可以告诉他：“因为白天有太阳，太阳太亮了，太阳光把月亮遮住了，所以看不见。”

3. 对于超出自己认知范畴的问题，要诚实地告诉孩子，“爸爸妈妈不知道”。我们可以和孩子一起，通过翻书、上网、去图书馆查资料、问专家等方式找到答案，孩子也会很享受这个过程。这样，他从我们这儿得到的不仅仅是答案，更是求知的方法，还有对待知识的态度——“知之为知之，不知为不知”。

可以马上做的三件事

- ✔ 回忆孩子问过你的10个“为什么”，写下来并给它们分类。
- ✔ 挑一个求知类的问题，想想怎么引导孩子自己发现答案。
- ✔ 和孩子讨论一个话题，用刚学的知识应对他的“为什么”。

15

32 ～ 34 个月的宝宝

如何应对入园焦虑

你可能遇到的问题

- 孩子就要上幼儿园了，你很焦虑，担心他不适应
- 孩子不肯去幼儿园，一分开就哭闹该怎么办

孩子上幼儿园的分离过程其实不用这么难受。重要的是，家长如何帮助他顺利地走进幼儿园。

缓解分离焦虑很重要

孩子快 3 岁了，马上就要上幼儿园，离开熟悉的家和亲人，进入一个完全陌生的环境。在这个过程中，对孩子来说，最大的挑战就是“分离焦虑”。想要解决这个问题，家长除了自身做好准备外，还要运用科学的方式，减少孩子的焦虑，帮助他更好地适应幼儿园。当然，如果尝试了各种方法都不管用，孩子上幼儿园时还是会哭，甚至会发脾气，那么家长能做的就是陪伴和接纳。

解决方案

◎ 和孩子一起谈论幼儿园，让他对幼儿园充满期待

通常入园前，孩子是可以进入幼儿园参观的。我们可以提前带孩子参观，或者去幼儿园拍一些照片，回家后拿给孩子看，并向他介绍：“这是幼儿园的

这些坑不要踩

✗ 不放心孩子在幼儿园的生活

孩子上幼儿园，最揪心的往往不是他自己，而是家长。孩子第一次过集体生活，要接触陌生的老师和同伴，要遵守幼儿园的规则，还要学会和其他小朋友共享玩具……他这么小，能做到吗？很多家长会有各种各样的担心，因此不断地嘱咐孩子："在幼儿园要听老师的话。""好好吃饭，没吃饱就要跟老师说。"说得多了，这种焦虑就会传递给孩子，让他感觉幼儿园是不安全的。所以，入园之前，家长首先要做到的是信任老师，信任孩子，放下焦虑。

✗ 把孩子上幼儿园当成一种解脱

很多家长一聊到孩子要上幼儿园，经常会说："等他上幼儿园就轻松了。"这些话如果让孩子听到，就会让他有一种"自己是爸爸妈妈的负担""爸爸妈妈很厌烦自己"的感觉，从而加深孩子对离开爸爸妈妈的恐慌。所以，家长要告诉孩子："爸爸妈妈早上会去上班，晚上才会回家；小朋友去上幼儿园，晚上也会回家。我们每天都会见到。"

建构区，小朋友可以在这里搭积木；这是娃娃家，小朋友可以玩过家家的游戏……"我们还可以这样说："幼儿园里真是太好玩了，妈妈都想去了。"这样，不仅能让孩子熟悉教室环境，还能对幼儿园生活产生期待和向往。

◎ 带孩子提前熟悉幼儿园生活

焦虑通常来自对未来的不确定，如果孩子知道幼儿园的生活是什么样的，会适当地减轻焦虑。我们可以提前带孩子到幼儿园去观察，看看小朋友在做什么。可以借助玩偶，模拟小朋友在幼儿园一天的生活：吃饭、玩游戏、吃点心、睡觉等，让孩子了解入园后会发生什么。游戏结束后，我们一定要强调"吃完晚饭，我会早早等在幼儿园的门口，接宝宝回家"。强调与家长"重聚"是这个游戏的关键，让他知道，去幼儿园只是短暂分离，到了晚上还会见面。

这样会让他更有安全感，也就不那么害怕去幼儿园了。

◎ 给孩子提供化解思念的方法

如果孩子有固定的安抚物，和老师提前沟通之后，我们可以让他带上安抚物去幼儿园，从而减少孩子对幼儿园的陌生感，增加安全感。除此之外，我们还可以跟孩子一起想一想化解思念的方法。比如，打印一张全家福照片，让孩子带去幼儿园，并告诉他："如果想爸爸妈妈了，可以看看这张照片。"当然，你还可以用其他方式缓解孩子的焦虑，总之要提前帮孩子做好准备。

◎ 给孩子读相关的绘本

"故事医生"苏珊·佩罗说过：故事犹如通往孩子内心的幽径，如果一个故事以充满想象力的方式如实呈现孩子的心灵状态，并带着爱和鼓励，孩子接收到故事中的信息，就会发生令人惊喜的改变。

故事能够帮助孩子理解自己的经历，当孩子明白发生的事情以及接下来会发生什么时，他的情绪就会得到缓解。我们可以带孩子读一些幼儿园主题的绘本，让孩子从故事中找到自己的影子，引起他的共鸣。比如绘本《魔法亲亲》中，小浣熊不想去幼儿园，浣熊妈妈在小浣熊手心印了一个有魔法的亲亲，当他想念妈妈的时候，就把手心贴到脸上，好像妈妈陪在身边。同样，我们也可以在和孩子分别时，给他一个"魔法亲亲"，让"亲亲"成为分开时的一种仪式，给予他心理支持。

可以马上做的三件事

- ✓ 带孩子去幼儿园门口，看看幼儿园的小朋友在做什么。
- ✓ 和孩子一起准备一个可以带到幼儿园的物品。
- ✓ 陪孩子读一些关于分离焦虑的绘本。

如何帮助孩子加入同伴游戏

你可能遇到的问题

- 孩子怎样才能加入其他小朋友的游戏
- 孩子被拒绝了该怎么办

面对这样的情况，家长可以通过日常演练，帮助孩子掌握加入同伴游戏的“秘诀”。

找对原因是关键

孩子加入同伴游戏时被拒绝是很正常的。研究表明，如果孩子试图加入其他伙伴已经开始的游戏，75% 的可能性是遭到拒绝。在经过 2 ~ 3 次的尝试后，50% 的孩子可以成功加入他人的游戏。

一般来说，孩子加入游戏失败，有三方面原因：一是缺乏加入游戏的技巧；二是游戏能力不足，这种情况常见于小朋友想加入大哥哥、大姐姐玩的游戏中；三是一些偶然因素，比如别人想自己玩、玩具不够等原因。

因此，家长可以从以上三方面入手，通过角色扮演游戏、讲故事等形式给孩子做示范，帮助孩子加入同伴游戏。

加入同伴游戏的方法

◎ 礼貌表达请求

我们平时注意教孩子说一些礼貌用语，比如“请”“对不起”等，或者让孩子学习向他人征询意见，这些都是社交时不可缺少的技能。比如，当孩子想加入同伴的游戏时，可以有礼貌地询问：“我能和你们一起玩吗？”

◎ 自然加入

我们可以让孩子观察别的小朋友玩的游戏，比如在游乐园的搭建区，几个小朋友正在搭积木城堡，这时孩子可以不征询意见，而是直接参与，可能在搭建的过程中，就玩到一起了。

让孩子通过模仿其他小朋友的游戏动作，自然地加入对方，也是一个很好的方法。《儿童游戏通论》一书描述了一个案例：几个上一年级的女孩围成圈，伸直双腿坐在地上，一边唱儿歌，一边拍手做游戏。一个2岁8个月的小女孩在旁边看着，很想加入进去。她看了一会儿后，突然往地上一坐，伸直双腿，笑着模仿女孩们的动作，拍手、唱儿歌。不一会儿，女孩们给她让出了地方，她成功地融入比她大很多的女孩们的游戏中。

◎ 提供帮助

如果孩子找到可以帮助对方的点，例如提供工具、参与缺少的环节等，就能以提供帮助的方式加入同伴游戏。比如，当其他孩子玩球时，当球被踢飞的时候，孩子可以帮忙去捡球，或者直接把球踢进场内。又比如，孩子想加入一个正在进行的过家家游戏，我们可以鼓励孩子扮演其中一个缺少的角色，例如“我可以当小弟弟”或者“我是快递员，我可以给你们送东西”等，这种不影响游戏继续进行的角色，其他孩子通常不会拒绝。

◎ 带玩具分享

分享是快速融入新团体的一种较为有效的方法。我们可以事先让孩子带几个玩具出门，并跟他说好，到了目的地，他把这些玩具拿出来跟小朋友分享。这样，孩子自然而然地就跟其他小朋友一起玩了。

被拒绝了怎么办

◎ 鼓励孩子表达情绪，表示接纳和理解

不管是什么原因被拒绝，孩子都会感到难过、失落，我们要倾听他的情绪，让他说出感受，可以这样问："你被小朋友拒绝了，心里有点儿难受对吗？"需要注意的是，用假设性语气，而非肯定语气来表达，对与不对都应该让孩子自己做判断。

如果孩子的回答是肯定的，我们要对他的情绪表示接纳和理解，比如告诉他："妈妈知道，如果有同事拒绝妈妈，妈妈心里也会难受。"等孩子的情绪恢复平静之后，我们再让他理解问题所在，以及如何解决这个问题。

◎ 引导孩子正确归因，允许他拒绝别人

有的孩子被拒绝后，会认为"我不够好，他们不喜欢我"。如果孩子这样归因，会影响他以后的社交。此时我们要告诉孩子："他们可能是想自己玩，就像有时候你也不想被打扰，就想自己玩一样。"或者说："他们不是不喜欢你，只是你们现在还不熟悉。想一想，如果是你正在跟好朋友一起玩，突然有个不熟悉的小朋友想加入，你们是不是也会不同意呢？"通过换位思考，孩子会知道，在交往中被拒绝是很正常的。同样，对孩子来说，如果别人邀请他做自己不想做的事情时，他也可以拒绝。在这个过程中，我们要尊重孩子的真实想法。

◎ 帮助孩子找到其他好玩的事情

在处理好孩子的情绪后，我们就要解决问题，比如教孩子结交新朋友的技巧，让他再去尝试。当然，如果孩子不想尝试，也不要勉强，我们可以帮助孩子找到其他好玩的事情，比如问问他："如果小朋友现在不想跟你玩，想一想，你还可以做些什么事呢？"

如果是去游乐场或者公园玩，我们可以提前跟孩子讨论去游乐场玩什么。这样，即使孩子没有伙伴，自己也可以玩得开心。

可以马上做的三件事

- ✔ 教孩子礼貌表达自己的请求和意见，练习说"请""对不起""谢谢"等。
- ✔ 引导孩子向别人提供帮助。
- ✔ 带孩子去游乐场玩，提前和他讨论可以玩什么。

孩子经常丢三落四怎么办

你可能
遇到的问题

- 孩子不论去哪儿都带着自己喜欢的玩具，玩着玩着就找不到了，全家只得一起上阵四处找
- 孩子经常丢三落四，每次都反复叮嘱他要保管好东西，孩子也点头答应，可是下次依然如故

丢三落四并不是个别现象，很多家长都遇到过这样的问题。

丢三落四的后果

孩子经常丢三落四，不记得把东西放在哪儿了，家长需要花时间和精力去寻找，大大增加育儿负担。除此之外，丢三落四对孩子未来的学习、生活习惯会造成负面影响。如果不及时干预，孩子长大后有可能把这种习惯带到学习上，会出现丢橡皮、铅笔，忘带作业，考试漏做题等表现。所以，从现在开始，我们就应该用对方法，让孩子改变丢三落四的行为，养成好的习惯。

解决方案

◎ 家长要做好榜样，给孩子创造一个有序的生活环境

想一想，如果大人一回家就衣服乱放、袜子乱丢，一出门就找手机、找钥

匙，上班经常忘记带东西，那孩子怎么能学会有条理地收纳呢？所以，想改变孩子的行为，家长首先要做出改变，给孩子创造一个有序的环境，比如，回家后把换下的鞋子放整齐，把衣服挂在衣架上，把钥匙和卡放在固定的位置等，家里的东西整整齐齐，那孩子也会养成用完某种物品及时归位的习惯。

◎ 做个“懒爸妈”，让孩子自己收拾

孩子摆了一地玩具，玩完后父母收拾。虽然父母收拾的效率更高，但也给孩子传递了一个信号：你尽管玩，爸妈负责收。一旦孩子形成这个观念，便会缺乏主动归纳、珍惜物品的意识和行为，一定程度上还使孩子养成了丢三落四、缺乏整理收纳的习惯。

这就提醒家长不要过度包办孩子的事情，试试做个“懒爸妈”，比如给孩子一个玩具收纳箱或者玩具柜，让孩子负责收拾自己的物品，这样他会清楚什么东西在什么地方，用完要放回哪个位置。

不过，做个“懒爸妈”也挺难的，有时孩子不想收拾，或者收得太慢，你可能忍不住要插手帮忙，但是这样孩子就会一直依赖大人，无法养成良好的收纳习惯。所以，家长一定要学会放手，如果孩子没有收玩具，或者没有保管好，东西丢了，那就让他自己为这个结果负责。

◎ 让孩子承担自然后果

如果玩具找不到了，大人就帮着找或者买新的，那孩子就会觉得丢了东西也无所谓。上学后，如果孩子忘带作业，家长马上就送过去，那孩子也会觉得即使忘带作业也没关系，反正妈妈会送过来，那孩子就很难改掉丢三落四的习惯。如果家长能够让孩子自己承担后果，吃点苦头，孩子慢慢就学会了对自己的物品负责。

要注意的是，让孩子承担自然后果时最忌对孩子说：“我早就告诉过你。”哪怕你说这句话时是出于关切，而不是责备，但对孩子来说，都是一样的刺耳，只会让孩子更沮丧。相反，你应该共情孩子的感受，让他知道你理解他：“妈妈知道，你喜欢的玩具丢了，你很难过。妈妈的东西丢了，妈妈也会难过，

所以下次我一定会注意，保护好我的东西，不要再丢了。”但你要坚持原则，不因孩子的哭闹而妥协：“妈妈知道你很难过，但是我们说好了，要保护好自己的东西，如果丢了也不会买新的。”

◎ 做清单、对照检查，养成自我提醒的习惯

孩子总是记不住自己要做的事情、要带的东西，因为他们知道，爸爸妈妈一定会提醒他，如果没有人提醒他们，他们就只能靠自己。家长要帮孩子养成出门前列清单的习惯，比如上幼儿园的孩子，列出上幼儿园之前要做的事情：准备好要穿的衣服、鞋子，检查背包中要带的东西是否齐全，等等。我们可以和孩子一起画出来，每做完一项，请孩子在相应的内容下做标记，再继续做下一项。经常这样做，只需要一个清单，孩子就能轻松养成自我提醒的习惯。

可以马上做的三件事

- ✔ 给孩子一个固定的收纳箱，鼓励他自己收拾玩具。
- ✔ 和孩子约定自己的东西自己放好，找不到了，家长不帮忙找，也不买新的。
- ✔ 和孩子一起列出门清单，对照清单准备东西。

如何用“后果体验法”教育孩子

你可能遇到的问题

- 孩子不喜欢整理玩具，总是丢东忘西
- 孩子犯了错，打也不行、骂也不行，不知道该怎么管

孩子犯了错误，用奖惩方法规范行为容易引发负面效应。家长可以尝试使用“后果体验法”。

什么是“后果体验法”

“后果体验法”是法国教育家卢梭提出的一种教育理论，指的是孩子犯错后，让孩子自己去承担不良后果，让他通过体验后果认识到自己的错误，并加以主观意愿的积极改正。简单来说，就是让孩子通过体验后果来改正行为，其中这个“后果”又可以分为自然后果与逻辑后果两类。

自然后果，指的是没有成人介入，由儿童行为自然产生的后果。比如，不吃饭就会饿肚子，站在雨里会被淋湿等。而逻辑后果又叫相关后果，指由成人施加的，与儿童行为相关联的后果。比如，吃饭时故意吐食物，家长就会把餐具收走；打破别人家的玻璃就要赔偿等。这些就是逻辑后果。

“后果体验法”通过引导儿童体验自然后果或逻辑后果，帮助他们形成规则意识和规范行为。

解决方案

◎ 使用自然后果，不说教，不借题发挥

孩子丢三落四，把喜欢的玩具弄丢；因为磨磨蹭蹭拖延时间，导致上幼儿园迟到被老师批评；不穿外套出门，结果冻得发抖。孩子已经体验到了后果，会吸取教训，下次不再这样做。

自然后果实际上是一种自我教育的过程。但是有的家长在让孩子体验自然后果的时候，会带着情绪对孩子借题发挥："我早就告诉过你了，你非不听，现在冻感冒了吧！""让你吃饭你不吃，现在饿了吧！"这些话会阻碍孩子在体验自然后果的过程中的自然学习，他会把注意力转移到应对父母的情绪上，这样就破坏了自然后果的教育价值。

自然后果法是让孩子体验自己的选择和行为所带来的自然结果，可以有效地帮助孩子发展自控力和责任感，但并不是所有的行为都适合用自然后果法来规范。下面三种情况就不适合。

1. 当孩子处于危险中，比如，孩子在大街上玩耍、在河边追逐打闹，家长要坚决制止。

2. 当自然后果影响到其他人的权利时，比如，孩子朝别人扔石头、扬沙子，家长要加以制止。

3. 有些行为的后果并不能及时体验，比如，虽然吃垃圾食品对身体不好，但是这个结果并不能让孩子马上体验到，孩子就不会觉得这是问题。

◎ 体验逻辑后果时，行为和后果要相关

当孩子不收玩具时，家长通常会取消他看电视的机会。事实上这个后果和行为没有任何关系，并不是逻辑后果，而是惩罚。惩罚是孩子们喜欢什么、在乎什么，我要让他知道，我可以把他拿走。惩罚的目的是伤害和强迫服从，这样不但没有教会孩子责任感，反而会引发孩子的愤怒情绪。

逻辑后果是就事论事，后果和行为直接相关。比如，孩子玩滑梯时不遵守

秩序，家长就剥夺继续玩的权利；孩子不把不玩的玩具收起来，就不能拿新的玩具玩；如果不戴头盔就不能骑自行车；等等。这些都是逻辑后果。

◎ 要坚持原则，也要表达爱意

当孩子总是因为吃零食而不好好吃正餐时，为了让孩子养成好习惯，妈妈可以和孩子约定：“如果中午不吃饭，中间没有任何零食吃，必须等到晚饭时才能吃东西。”但是当孩子饿得大哭、开始闹情绪的时候，妈妈会因为受不了孩子的哭声，或者担心孩子没吃饭会饿坏，破坏约定，中途给孩子吃零食，那孩子就无法养成好的吃饭习惯。

要坚持原则，也要通过倾听对他的感受和需求表示理解，宽容地接纳他愤怒和不满的情绪，耐心地陪伴，给他情感的支持。比如，孩子饿得大哭，妈妈可以抱着他，跟他说：“妈妈知道饿肚子的滋味不好受，妈妈爱你，妈妈也不想你饿肚子，但是我们已经约定好了。”这样坚持，孩子就会知道，他要自己承担不吃饭的后果。如果下次不想再饿肚子，他就要好好吃饭。

◎ 弥补过失和解决问题更重要

把注意力放在如何弥补过失和解决问题上，是教会孩子承担责任的最好方式。比如，孩子坚持要自己倒牛奶，结果洒了一桌子，这时家长不要抱怨孩子说“不让倒非倒，这下全洒了吧”，而是要给孩子一块抹布，鼓励孩子自己去收拾干净，让孩子学着自己承担后果。

可以马上做的三件事

- ✔ 想一想孩子的行为，哪些可以用“自然后果法”，哪些可以用“逻辑后果法”。
- ✔ 根据孩子的行为，让孩子体验一次自然后果。
- ✔ 根据孩子的行为，让孩子体验一次逻辑后果。

启发式沟通，化解亲子矛盾

你可能遇到的问题

- 大冷天，孩子非要穿夏天的裙子出门，怎么说都不听
- 玩具被孩子扔得到处都是，让他“快把玩具整理好”，他装作听不见

良好的沟通不等于说教，更不等于命令，命令式育儿容易导致沟通障碍，影响孩子的长远发展。沟通是双向的，应该在理解和尊重对方意愿的基础上进行启发式沟通。

什么是启发式沟通

2 岁多的孩子自我意识强烈，倾向于通过自己解决问题和掌控环境来证明、肯定自己的价值。对这个阶段的孩子来说，说教不但解决不了问题，反而会让他们更加坚持自己的立场。这时候，家长就需要采取一种既能解决问题又能满足孩子掌控感和成就感的沟通方式——启发式沟通。

《正面管教》的作者简 · 尼尔森认为，启发式沟通是通过给孩子提示或向他提问，促使孩子不断思考，从而自己发现问题和解决问题的一种沟通方式。这种沟通方式体现了成人对孩子的尊重和信任，能引导孩子层层思考，也能让孩子体会到掌控感和成就感，还能鼓励孩子在寻找到解决方案后积极执行。

可以说，启发式沟通不仅能解决当前问题，化解亲子矛盾，还能培养孩子独立思考和解决问题的能力。

如何做到启发式沟通

启发式沟通的前提是相信孩子的内在潜能，遇到问题时家长要学会引导孩子自己解决。在引导时我们可以遵循“GROW”提问模型四步法，其中“G”“R”“O”“W”这4个字母分别代表和孩子沟通的4个步骤。

◎ 第一步，“G”指的是“Goal”，代表目标

家长首先要明确，孩子需要达成的目标是什么，或者他真正想要的是什么。

比如，天凉了孩子还要穿凉鞋出门，这时家长可以询问：“宝宝是想穿凉鞋出门吗？你为什么要穿凉鞋出门呢？”以此来明确孩子动作背后的目的。这个目的可能是他喜欢这双鞋，想穿出去让更多人看到；也可能只是希望由自己决定穿哪双鞋出门。

◎ 第二步，“R”指的是“Reality”，代表现状

这一步是让孩子知道自己面临的问题是什么，让他明白是什么阻碍他达成目标。

比如，孩子要穿凉鞋出门，可能是他意识不到外面特别冷这个现状，所以家长要提醒他：“现在外面很冷，大家都穿很厚的衣服、鞋子了，如果宝宝穿凉鞋可能会着凉，生病，身体不舒服。”

◎ 第三步，“O”指的是“Options”，代表选择

当孩子意识到自己面临的真正问题是什么后，家长要让孩子知道现在有哪些选择可以解决眼前的问题，他具体可以借用哪些资源。

比如，你可以这么说：“有什么办法可以既让宝宝穿凉鞋，又不会着凉呢？如果你穿着凉鞋出门，觉得冷了想换鞋，该怎么办呢？”这样，孩子可能就会意识到他可以穿上袜子，也可以带着棉鞋出门，方便替换。

◎ 第四步，“W”指的是“Will”，代表计划

这一步是让孩子明确下一步要做的事，即达成目标所需要的行动和支持。

比如，进行到这一步，家长可以问孩子：“那你现在要做什么呢？需要妈妈帮忙吗？妈妈可以怎么帮你呢？”这样，孩子大概就会意识到自己需要找一双袜子穿上，或者带上棉鞋出门。

可以马上做的三件事

- ✔ 把“GROW”模型标注在明显的地方，记住每一个字母代表什么。
- ✔ 给孩子设置一个挑战，用“GROW”模型帮助他解决问题。
- ✔ 把“GROW”模型分享给自己的朋友，以教促学。

孩子喜欢讨价还价怎么办

你可能遇到的问题

- 看电视的时候孩子总爱讨价还价："妈妈，我今天可以多看5分钟吗？看完我就去洗澡。"
- 吃饭也要讲条件："妈妈，我可以把西蓝花吃光，但是你得给我买新玩具。"

孩子开始跟家长谈条件，很大程度上跟他自身的发展有关。家长要理性看待孩子讨价还价的行为，学会积极引导。

孩子喜欢讨价还价的原因

◎ 自我意识的发展

一般来说，孩子从两三岁开始，自我意识显现，自己的想法和立场也越来越清晰，开始拥有独立的主见和想法。他们对自己的目的有了比较深刻的认识，不仅知道自己想要什么，还知道要为自己争取权益。

◎ 语言表达、逻辑思维等能力的发展

孩子每一次“讨价还价”其实都是一场小型谈判，当他有了自己的想法和需求时，就不再像过去那样只知道哭闹发脾气，而是学会了沟通。为了达到目的，孩子在“讨价还价”之前，会做好充足的准备，并且在谈判的过程中，懂

得灵活调整自己的策略，这就要求孩子具备较完善的逻辑思维能力、较好的语言表达能力和较高的情绪处理能力。所以从孩子能力发展的角度看，孩子喜欢“讨价还价”也是自身能力发展的一种表现。

◎ 家长行为的影响

斯坦福大学心理学家阿尔伯特·班杜拉做过一个实验，他把 3 ~ 6 岁的孩子分为三组，让第一组孩子观看大人对着一个布娃娃拳打脚踢的过程，第二组孩子只观看大人和布娃娃正常玩耍的过程，而第三组孩子什么也没看到。结果，当这些孩子单独和布娃娃待在一起时，第一组孩子明显表现出更多暴力行为。

这个实验说明，成人榜样对儿童行为有着明显影响。如果家长经常和孩子谈条件，喜欢用“威逼利诱”的方式驱使孩子做某事，那孩子就更容易模仿家长的行为，也学会跟家长“讨价还价”。

解决方案

◎ 以身作则，生活中少和孩子谈条件

有些家长习惯用物质激励孩子和诱导孩子，比如会说“你不打扰爸爸工作，就给你买玩具”“你今天早点儿睡觉，明天就给你吃两块巧克力”等，这些物质奖励久而久之就变成孩子“讨价还价”的借口。当谈条件变成习惯后，孩子的规则意识也会变得淡薄，不利于养成积极主动的性格。所以，家长要以身作则，生活中尽量不要主动和孩子谈条件。

◎ 明确立场，坚持原则

孩子喜欢“讨价还价”，可能是因为他觉得事情还有商量的余地。针对这种想法，家长要提前制定规则，明确底线，让孩子知道什么事情可以谈，什么事情不能商量。比如，对于一些原则性问题，像“可不可以跟着陌生人去

玩”“能不能打人”等，家长要明确立场，坚持原则，不管孩子怎么哭闹，都坚守底线，不要给孩子留下讨价还价的余地。

在守住底线的基础上，对于那些不涉及原则的问题，比如一件事情什么时候做、怎么做、在哪里做等，也可以和孩子商量，在合理的范围内给他提供有限的选择。比如，孩子看动画片时跟妈妈讨价还价：“我能再看一会儿吗？就一会儿！”这时，家长可以给他两个选择：“你可以再多看 10 分钟，但是明天就不能再看动画片了。或者今天就看到这里，明天我们继续看。你是想今天多看 10 分钟，还是明天继续看动画片呢？”

当然，不管孩子做了什么决定，家长都要言出必行，让孩子承担选择的后果。

可以马上做的三件事

- ✔ 回想一下自己跟孩子的相处模式，看看有没有“讨价还价”的情况。
- ✔ 和孩子一起制定一个“日常行为规范”。
- ✔ 对于可以商量的事情，当孩子讨价还价时，家长可以在合理范围内让孩子选择。

16

34～36个月的宝宝

孩子也能学会的思维导图

你可能遇到的问题

- 孩子的脑子里经常有很多跳跃、散乱的信息，不知道该如何梳理
- 希望帮孩子找到一种能建立逻辑思维、开发大脑潜能的思考方式

思维导图是一种可以突破思维局限，提高思考、记忆和学习效率的思维工具。

引入思维导图的重要性

思维导图是一种表达发散性思维的图形思维工具。它可以通过运用一些图文技巧，把各级主题的关系用相互隶属或相关的层级图呈现出来，利用记忆、阅读、思维的规律，帮助大众在科学与艺术、逻辑与想象之间均衡发展。

比起成人，孩子似乎更需要思维导图，因为他们能记住的东西更少，记忆的时间也更短。对 3 岁以前的孩子来说，他们很难记住并说出自己的想法，更不懂该如何梳理自己的想法。思维导图不仅可以帮他们记录和梳理思路，还可以提高他们思考、记忆和表达的能力，为以后更高效的思考和学习打下基础。

对这个阶段的孩子来说，引入思维导图更重要的是给孩子引入一种思考方式，比起掌握这种工具，学会用这种方式思考问题更重要。

这些坑不要踩

认为思维导图必须是精致的手绘图

有些家长认为，绘制思维导图一定要具备精湛的绘画功底，其实制作思维导图最关键的并不是绘画是否精美，而是整张图的内在逻辑和从属关系是否正确、合理。过于强调绘图的精致美观，很可能会影响绘制速度和思路。

对初学者和缺少美术功底的人来说，也可以借助丰富的网上资源，比如直接在网上寻找需要的图片并打印出来，准备好一面黑板和几块磁贴，引导孩子动手完成思维导图。

认为思维导图上的字越多越好

很多家长认为，思维导图上的文字越多，表达得越清晰，其实这种想法也是不正确的。思维导图上的文字一般是关键词，是检索信息，用关键词来化繁为简，能起到记忆提示的作用。不能以思维导图上文字的多少来判断好坏，而要看内容概括得是否简洁、完整，结构逻辑是否清晰。

两种简单适龄的思维导图

◎ 分类图

一般来说，这个阶段的孩子已经能较好地掌握人和事物的分类概念，能区分不同的颜色、形状、常见物品、食物和动物等。

对孩子已经掌握的概念，家长可以运用思维导图帮他进行知识巩固；对还没掌握的概念，可以用思维导图帮他厘清思路，认知概念。

比如，在帮助孩子认知水果时，家长可以协助孩子画一张分类思维导图：第一步，确定要分类的核心概念——水果，并将其置于图画中间；第二步，从核心概念出发，延展出分支——各种水果的颜色，并将不同水果的颜色用相应颜色的彩笔标记；最后一步，让孩子根据颜色把他知道的水果填到对应的颜色后面，比如，苹果和草莓是红色的，就放到红色分支里；蓝莓是蓝色的，所以放到蓝色分支里。

◎ 流程图

3 岁左右的孩子基本能够理解事物的先后次序了，但大部分时间还无法做到像成人那样思路清晰、有条不紊。尤其在复述故事或者描述事件时，经常会语序颠倒、表达不清。这时家长就可以利用流程图来帮助孩子厘清思路。

比如，在阅读故事类绘本时，家长可以事先帮孩子将故事中的几个重要场景图片打印出来。在读绘本的过程中，每讲到一个场景，就让孩子将相应的场景图片找出来贴好，这样等绘本讲完，图片也按顺序贴好了。当孩子再复述时，就能在思维导图的提示下，按照事情发展的先后顺序把整个故事说完整，这样既锻炼了记忆力，也提高了语言表达能力。

除了绘本阅读，流程图还可以帮助孩子建立生活规律。比如，上床睡觉前要刷牙、洗脸、洗澡、换睡衣、关灯。家长可以用图画的方式把这 5 个步骤画出来，并让孩子按顺序排列成流程图，按时提醒孩子去看。这样逐渐帮助孩子明确睡前准备工作，养成好习惯。

可以马上做的三件事

- ✔ 选一本故事类绘本，用思维导图的方式帮助孩子复述故事内容。
- ✔ 运用分类图的形式，帮助孩子认知性别这个概念。
- ✔ 协助孩子，制作一张早上起床的流程图。

一张表让孩子学会自我管理

你可能遇到的问题

- 晚上睡觉，孩子总是慢慢腾腾，拖到很晚才上床
- 孩子早上喜欢赖床，也不刷牙、洗脸，非要大人吼一顿，他才磨磨蹭蹭去做

孩子拖拉磨蹭，缺乏做事情的独立性和规律性，可能是孩子还没有养成自我管理的习惯。

不可或缺的自我管理能力

一般来说，规则都是由成年人制定的，孩子只是规则的执行者和实施者，是被动的接受者。然而，随着年龄的增长和自我意识的不断发展，孩子独立自主的愿望越来越强烈，因此家长应该尝试把主动权交给孩子，让他们从被人管理过渡到自我管理，让外在的意识内化为行动，从他律成长到自律，从而提高孩子的自我管理能力。

如果家长从小培养孩子的自我管理习惯，要求孩子自己的事情自己做，自己的东西自己管，就能增强孩子行动的独立性、目的性和计划性，对孩子的心理健康和将来的生活、学习都有重要意义。

培养孩子自我管理的好习惯，可以从一张日常惯例表开始。从日常生活管理着手，逐步增强孩子的自我管理能力。

解决方案

◎ 邀请孩子一起制订日常惯例表

有的家长自己给孩子做了一个日常惯例表，要求孩子按表中内容执行，可是根本不起作用，孩子毫不理会。

为什么会这样呢？这是因为日常惯例表不应由家长单方面给孩子制订，而是应该和孩子一起制订，让孩子全程参与和决定，家长只是引导。孩子参与制订，他会产生成就感，觉得这是他自己决定的，那接下来的环节自然也愿意执行，在这个过程中逐步实现自我管理。

如果没邀请孩子参与，只是家长自己制订了一个表，孩子并没有获得自己有能力安排好生活的成就感，他还是在执行家长的命令，所以孩子不配合也就能理解了。

◎ 针对需要做的事展开一场头脑风暴，让孩子做决定

以晚上睡觉为例，首先，让孩子说说睡前他想做什么，可以问："睡觉前，你有哪些事情想做呢？做完能让你开心地去睡觉。"

孩子说的时候，你要用文字帮孩子记录，可以继续问："还有其他的吗？"以提问方式启发孩子。在孩子全部说完之前，不要打断，也不评价。当孩子确定他说完了，如果需要，你可以提出建议："再加上准备好第二天的东西怎么样？"让孩子来决定要不要。接着再问："这些事情，你想先做哪个，后做哪个？"最后帮他记录好。

要注意的是，对这个阶段的孩子，可以只标做事的顺序，同时列出的条目也不要过多，三四项就可以。和孩子约定好熄灯时间，然后倒推做每件事需要的时间，确定从几点开始执行这个流程。同时要提醒孩子，如果某一件事需要的时间长一些，那做其他事情的时间就会减少，比如洗澡、刷牙用的时间多了，那读书时间就会缩短。这样在执行的时候，孩子也会有心理准备。

这些坑不要踩

✗ 管不住嘴巴，不停提醒

在执行环节，有的家长看到孩子不按照日常惯例表进行，会忍不住提醒，这就失去了日常惯例表的作用，会让孩子产生被控制、被命令的感觉，从而失去内驱力，陷入与家长的“权力之争”。家长应该信任、尊重孩子，可以适当提醒，但不能过度。比如，晚上睡觉之前，当孩子刷完牙又准备玩玩具时，家长可以提醒他：“快看看你的晚安表上，接下来要做什么事情呀？”而不是警告孩子：“现在已经 9 点钟了，不能再玩玩具！”

✗ 给孩子物质奖励

有的家长为了让孩子更积极地执行，会选择给孩子增加物质奖励。这种做法是不正确的。因为日常惯例表是为了培养孩子内在的自我管理能力，如果加入了物质奖励，很容易让孩子从完成事情本身获得的自主感、成就感，转移到对奖励的关注上，不利于培养自我管理能力。

◎ 拍下孩子做事时的照片，简单明了

要做的事情确定好后，就可以制作表格了。家长可以把孩子要做的每一件事情拍成照片，打印出来，贴在日常惯例表上相应事情的后面，整个日常惯例表看起来直观明了，再请孩子起个名字，增加日常惯例表的趣味性。最后，我们把制作好的日常惯例表放在孩子容易看到的地方就可以了。

可以马上做的三件事

- ✓ 和孩子一起制订一个晚安惯例表。
- ✓ 执行过晚安惯例表后，以孩子为主导，再制订一个早起惯例表。
- ✓ 在日常惯例表执行期间，家长不要加入物质奖励，要多跟孩子谈谈感受，增强他们的内在满足感和成就感。

四招帮孩子建立时间概念

你可能遇到的问题

- 孩子太磨蹭，大人急着出门，他还在不紧不慢地穿鞋子，提醒他“快点”“要迟到了”，也毫不理会
- 看动画片时，跟孩子说看 20 分钟就不能看了，可是每次到时间了都闹

没有时间概念还真不是孩子的错，因为这个阶段的孩子并不理解时间，家长需要帮助他们建立时间概念。

时间概念不是天生的

孩子对时间概念的认知是随着年龄慢慢发展起来的。3 岁的孩子虽然还不会看表，但是能接受“时间到了”，比如和他约定 10 分钟后要收拾玩具，到时间后，你提醒他“时间到了”，他就会很配合地收拾玩具。

4 岁的孩子对时间的感知比较成熟，对于一天之中要做的事情，以及每件事情前后的时间关系，他们大多已经有了相当不错的理解。但是还不能准确地说出他们什么时候睡觉、什么时候起床等。

直到 5 岁，孩子对时间概念才有基本的理解，比如能掌握大人常用的与时间相关的词汇，知道一天之中跟他有关的事情和时间上的相互关系。比如，能说出他们在几点上床睡觉，但还不能说出现在是几点。虽然还不太会认表，但是能够明白，短针指到几时要做什么。

了解孩子建立时间概念的年龄特点，我们对孩子的行为就会有更多的理解和包容。让孩子知道时间概念在生活中的应用，可以帮助他有效地理解大人的行为，过有规律的生活。

解决方案

◎ 多用时间词汇，提供参照事物

我们要有意识地使用时间词汇。虽然孩子的时间概念发展大都跟不上他对时间词汇的掌握速度，但学习使用时间词汇能促进他理解时间概念。因此，我们可以有意识地在他面前多使用时间词汇，如“你今年 3 岁，明年就 4 岁了”，或者教孩子唱一些和时间有关的儿歌等。

用孩子理解、熟悉或亲身经历过的事做参照，孩子更容易听懂。比如，我们告诉孩子“下午 3 点去公园”，他可能无法理解，但换成“下午 3 点，也就是睡完午觉后去公园”，他就知道是怎么回事了。

◎ 巧用可感知、看得见的计时工具

平时带孩子出门，路上他可能会不停地问“快到了吗”“还有几分钟”，即便我们告诉他还有多久，不一会儿他还是会问“还有几分钟”。孩子不停地问，就是因为他无法理解时间的长度。鉴于这个阶段的孩子已经有了“数数”的兴趣和能力，我们可以利用数字，帮他了解时间的长短。比如，把“马上”这样的抽象概念切换成“从 5 数到 1”，把“等一下”切换成“从 1 数到 20”。让孩子在数数的过程中感受时间的流动以及时间的长度。

家长还可以用看得见的计时工具如计时器、沙漏等来帮助孩子理解时间概念，告诉孩子当计时器响起或者沙漏漏完，我们就要去做某件事情了。此外，我们还可以用图像化的挂钟提醒孩子。比如，家中有十二生肖代表数字的钟，我们提醒孩子“当长针走到‘老虎’那里时，就要收好玩具准备出门了”。这样，将抽象的时间转变为具体的形象，孩子更容易理解。

◎ **建立日程表，规律作息**

在日常生活中，给孩子建立规律的作息非常重要。每天相同的作息时间，可以帮助孩子养成良好的生活习惯，知道下一步要做什么，还能让孩子掌控自己的生活，获得安全感。比如，早上 7 点起床，8 点吃早饭，9 点去户外做游戏，12 点吃午饭，晚上 9 点上床睡觉。我们可以和孩子一起制订一个比较固定的日程表，帮助他建立自己的时间系统。长大后，孩子也会更有时间观念。

◎ **做事讲顺序，加深时间概念**

为了帮助孩子加深时间概念，明白做事情要按照一定的顺序，我们可以把每天要做的事情告诉他，比如吃完早饭后，先去超市买东西，然后去外婆家。我们还可以在晚上睡觉前，把白天做的事情按照时间顺序给孩子讲一遍："首先，我们去超市买了酸奶，然后到外婆家玩，最后回家。"给孩子讲故事书时，我们也可以按照时间顺序，从头到尾概述一遍。

可以马上做的三件事

- ✔ 和孩子一起挑选他喜欢的计时工具，如沙漏、计时器。
- ✔ 早上和孩子一起计划当天要做的事情。
- ✔ 和孩子一起制订作息表并执行。

三招开启桌游新世界

你可能
遇到的问题

- 陪孩子的时候，不知道玩什么游戏
- 都说桌游好玩，可是这么小的孩子能玩吗？怎么选呢

桌游玩好了，不仅益智，而且能成为亲子关系的黏合剂，让孩子越玩越聪明，家庭关系越玩越融洽。

什么是桌游

桌游是一种不用插电，借用一些道具，且有一定规则的游戏。它可以锻炼孩子多方面的能力，比如观察力、记忆力、逻辑思考能力等，在培养孩子的抗挫力方面，效果尤为显著。这是因为，孩子在玩桌游时通常要根据规则完成不同难度的任务，有时还要和其他玩家争出胜负，如果任务没完成或者输了，就得学着面对失败，在这个过程中，自然而然地锻炼了孩子的抗挫力。

桌游更独特的魅力在于它自带的社交属性。虽然不少桌游一个人也能玩，但如果我们想让孩子体会到桌游真正的乐趣，还是要带他多玩一些互动性强的桌游。孩子 3 岁左右进入“合作游戏阶段”，这就意味他不仅可以在游戏中遵守共同的规则，而且有分工合作的意识。这时如果我们能带着孩子一起玩互动型桌游，不仅能帮他建立规则意识，还能让他在游戏中学会合作，充分体会到互动的乐趣。

如何选择桌游

◎ 选择互动性强的桌游

我们选择桌游的时候，刚开始最好选择一些互动性强的游戏，尤其是能让大家都动起来的游戏。美国有一款叫“Monkey Around”的桌游，就适合作为入门桌游。游戏的主要道具包括一根香蕉和一堆动作卡牌，玩法很简单：玩家轮流抽牌，按照卡牌上的指示模仿猴子做动作。比如，把香蕉放头上做金鸡独立状，或者用自己的脚趾触碰对方的脚趾，等等。这个游戏不仅能让孩子玩得很开心，家长也能从中找到乐趣，充分享受亲子互动的时光。

◎ 选择适龄的桌游

不少家长在选桌游时喜欢盲目跟风，看见别人说“这个好，买它买它”就下单了，也不管游戏的形式和难度是不是适合自家孩子。另外，很多儿童桌游虽然都标有推荐的年龄段，但其实在玩法的设计上难度跨度很大，比如有些标记着 3 岁以上，也就是说孩子从 3 岁起可以玩，但 3 岁孩子能玩的可能只是这款游戏所有玩法里最初级的那种，再往上对他来说就太难了。为了避免打击孩子的积极性，同时也为了实现一款桌游的最大价值，我们带孩子玩桌游时最好从 1 岁半以上的开始，这能确保其中的大部分玩法都在孩子能力范围之内，孩子刚开始受挫少，玩得开心，才会愿意玩。等孩子的兴趣和规则意识建立起来后，我们再考虑 2 岁以上和 3 岁以上的游戏也不迟。

玩桌游的原则

◎ 故事先行

规则在桌游中虽然重要，但是一上来就讲规则，孩子很难接受。所以，我们在刚开始玩桌游时，不要强调规则，而要先把故事讲明白。大多适合低幼儿童的桌游其设计本身就很注重创设故事情境，比如Smart Games的《小红帽》和《三只小猪》，都是基于孩子熟悉的童话故事设计的。我们在游戏的开始先给孩子讲故事，把他带入游戏情境后，再把规则融入故事里。我们可以这样说："小红帽要去奶奶家，可是昨天森林里下了一场大雨，把路都冲没了。小红帽很着急，她不知道怎么办，我们一起帮她把路修好，好吗？"

◎ 灵活变通

桌游虽然有规定玩法，但我们刚开始玩时不一定要拘泥于游戏本身的玩法，有时孩子可能会有自己的玩法，比如前面提到的"Monkey Around"，孩子也许刚上来就对那根香蕉感兴趣，会把香蕉当成电话模仿打电话，或者和我们玩扔香蕉的游戏等，这都很正常。这个时候，我们没必要让孩子必须按照规定的玩法进行游戏，可以先跟随他的节奏玩，等孩子自己挖掘不出新玩法了，再引导他了解游戏本身的玩法。

◎ 帮助孩子理解"胜败乃兵家常事"

在游戏中因为任务失败或输掉而受挫很正常，但刚开始孩子可能会难以接受。所以我们要用行动和态度告诉他，这只是一场游戏。只要是游戏，就有输有赢，赢的人会高兴，输的人会难过，这很正常。我们可以刻意输给孩子几次，表现出难过但愿意继续挑战的样子："哎呀，我输了！再来！下次我说不定就赢了！"这样，孩子能从我们身上学到坦然面对失败、愈挫愈勇的态度。

可以马上做的三件事

- ✔ 陪孩子玩一次运动类桌游。
- ✔ 用桌游给孩子讲一个故事。
- ✔ 在桌游中输给孩子一次，展现你愈挫愈勇的态度。

科学启蒙怎么做

你可能遇到的问题

- 孩子这么小，怎样给孩子进行科学启蒙
- 给孩子做科学实验，如何让他知道背后的原理呢

在这个年龄阶段，如果只是带孩子做做实验和简单记记知识点，则是停留在了表面，这样的科学启蒙是不到位的。

什么是真正的科学启蒙

提到科学启蒙，很多人的脑海中会浮现出做实验的场景。为了给孩子进行科学启蒙，有些家长可能还买了市面上很畅销的科学盒子，认为按照说明书的指示，复制实验场景和结果，再给孩子讲讲实验里的现象，让他记住一些抽象的名词，比如“光的反射”，就是科学启蒙了。

事实上，真正的科学启蒙包括 3 部分：科学知识、科学精神和科学方法。科学探索建立在对一个现象或事物感到好奇从而产生怀疑的基础上，并且要在这个基础上更进一步，深入地探究和思考。因此，比起让孩子记知识点和学习科学知识，家长更应该培养孩子的科学精神，以及教会孩子科学的方法论，让他用科学的流程去探究，用科学的思维去质疑和思考。

如何培养孩子的科学精神

◎ 保护孩子天生的好奇心

孩子从出生起就具备科学精神，他对周围的一切都感到好奇，会用自己的方式去探索。等长大一点儿，孩子的语言和思维能力有所提升，就会开始问各种问题，比如从 1 岁多的十万个“是什么”，到 2 岁多的十万个“为什么”，这体现的就是最初的科学精神——好奇、探索和质疑。具备科学精神的孩子，不仅充满好奇心和探索的欲望，还会针对自己好奇的现象提出疑问，并且用科学的方法去探究，在这个过程中进行有理有据的思考。因此，我们要保护孩子的好奇心，在日常生活中支持他提问和探索，满足他的求知欲。

◎ 引导孩子深入探索和思考

针对孩子好奇的现象，我们要有意识地为他创造探索、质疑和思考的条件，引导他进行更深入的探索和独立的思考，激发他充分发挥科学精神。比如，这个阶段的孩子很喜欢问“为什么”，那我们就应该认真对待他的每一个问题，首先要肯定他提出问题的“质疑精神”，告诉他“这个问题问得真好”，然后和他一起去探究，寻找问题的答案。在孩子的成长过程中，如果家长没有为他创造良好的环境，他的科学精神就会逐渐消失。

科学方法论的步骤

科学家们在探究一个现象时，通常包括 5 个步骤：观察、提问、假设、实验和得出结论。所以，不管是用科学盒子带孩子做实验，还是平时引导孩子探究一个问题或现象，都可以按照这 5 个步骤进行，教会孩子科学的方法，培养他们的科学思维。

◎ 第一步，观察现象

举个简单的例子：很多孩子爱玩水，对和水相关的现象也很感兴趣，那我们可以和孩子一起探究冰块融化的现象。我们可以先准备几块冰块，拿给孩子玩一会儿。在玩的过程中，我们要注意引导孩子观察冰块逐渐融化成水的现象。

◎ 第二步，提出问题

当孩子观察到冰块融化的现象时，他可能会好奇地问："这是怎么回事？"由于这个阶段的孩子对事物的观察和理解还停留在表面，所以很难问出具体的、可以用实验来验证的问题。这时，我们可以描述具体的现象，把孩子的好奇之处变成一个能通过实验来观察和验证的具体问题，比如："冰块变成水了，冰块为什么会变成水呢？"这样，孩子就会顺着这个思路，进而好奇"冰块为什么会变成水"。

◎ 第三步，提出假设

提出具体的问题之后，我们继续进行第三步：针对问题提出假设。我们可以这样问："宝宝，你觉得是什么让冰块变成了水呢？冰块放在冰箱里时还是好好的，拿出来一会儿就变成水了，这是为什么呢？"如果孩子想不到，我们可以给他一杯常温水，让他摸一摸，再让他去摸冰块融化成的水，继续引导："你看，我们平时喝的水不凉，但是冰块融化成的水是不是特别凉？它们都是水，为什么外面的水不凉，冰块融化成的水这么凉呢？冰箱里和外面有什么不同吗？"这时，我们还可以带着孩子走到冰箱跟前，让他一只手放进去，一只手留在外面，感受一下温度的对比。这时，孩子可能自己就能得出结论：冰箱里很冷，外面很热；水在冷的地方是冰块，到了热的地方就变成水了。当然，孩子很有可能只会得出这个结论的前半部分"冰箱冷，外面热"，那我们可以帮他把结论补充完整。当然，这一步的"结论"只是一个猜想，也就是假设。

◎ 第四步，实验验证

为了验证这个假设，我们还需要一个实验。这个实验的设计重点是让孩子观察冰块在温度低和温度高的地方的状态。而实验的难点在于冰块和水颜色一样，很难看出融化速度的不同。为了方便观察，我们可以这么做：准备两块带颜色且大小一样的冰块，以及两杯质量相同、温差较大的水；将其中一块放入凉水里，另一块放入热水里，注意要同时放入，让孩子观察它们融化的过程。

◎ 第五步，得出结论

最后，孩子就可以根据实验结果得出结论。在实验中，孩子很直观地看到：同样是冰块，在热水里变成水的速度会更快。通过观察，假设得到了验证，猜想就变成一个真正的结论：冰块在热的地方会变成水，“热”会让冰块“融化”。

需要注意的是，这个年龄段的孩子还很难理解“温度”这个抽象的概念，一般只能感知冷和热的不同。所以在实验的过程中，我们不需要强调温度这个概念，可以告诉他冷就是“温度低”，热就是“温度高”，但不要求他理解和掌握。同时，我们也可以告诉孩子，冰块变成水的过程就叫“融化”，但不要求他记住。

可以马上做的三件事

- ✔ 记录下孩子近期问的 5 个问题。
- ✔ 尝试把这 5 个问题转化成具体的、可以用实验来探究的问题。
- ✔ 挑一个问题进行实验。

怎样带孩子逛博物馆

你可能遇到的问题

- 孩子这么小，带他去博物馆他能看懂吗
- 去博物馆，如何避免走马观花式的游览，让孩子有收获呢

俗话说，“读万卷书不如行万里路”。真正有效的学习不仅来自书本，更来自生活中的各种体验。博物馆就是一处适合培养孩子认知的好地方。

生活体验是认知的主要来源

对学龄期的孩子来说，他大部分的认知是通过生活中的各种体验获得的，比如观赏水族馆，认识不同的海洋生物；游花鸟市场，丰富对花鸟种类的认知。比如，逛博物馆。2 岁多的孩子逛博物馆，虽然很多时候确实是在看热闹，但如果家长懂得引导，从去博物馆前的准备，到逛完后的总结，孩子能收获的东西并不会少。

出发前的准备工作

◎ 挑选孩子感兴趣的博物馆

博物馆的类型很多，例如自然历史博物馆、历史文物博物馆、自然科学博物馆、天文馆、科技馆、美术馆等。除此之外，还有汽车、卡通、玩具、食物等更贴近孩子生活的主题博物馆。在每个大馆里面，又有不同主题的分馆和展览，比如科技馆往往会有儿童馆；玩具主题博物馆会有专门的乐高展览。因此，家长在做计划时，要优先考虑孩子最感兴趣的主题博物馆或展览。

◎ 进行行程规划

选择好要去的博物馆后，下一步是规划行程，做好知识储备和物料准备。家长可以通过博物馆的官方网站、游客推荐的游览攻略等，来规划游览时间和路线。同时，还要提前了解跟游览主题相关的入门知识，比如去天文馆，就要知道一些跟宇宙、行星、星座等相关的基本知识，还可以和孩子一起阅读跟游览主题相关的图书、绘本等，配合了解到的入门知识给孩子讲讲。需要准备的物料，除了水和补充能量的小零食，还可以带上相机、笔和笔记本等，用来记录游览的过程。

◎ 做好安全防护

因为博物馆人流量大，面积也大，去的时候一定要注意孩子的安全。除了跟孩子提前讲好，要跟紧大人，还可以给孩子穿戴颜色鲜艳的衣服和帽子，便于家长在人群中一眼就能看到孩子；给孩子身上挂一个卡牌，上面写上家长的联系方式，或者给孩子戴上儿童手表；告诉孩子如果找不到爸爸妈妈，要找穿制服的工作人员求助。

如何带孩子游览

◎ 用好导览手册和地图

大多数博物馆都会有导览手册和地图，在进门的时候记得拿上，家长和孩子人手一份，这样既可以增加游览的仪式感，也能帮助孩子养成良好的参观习惯。家长可以对照地图，给孩子讲解一番，如果他感兴趣，还可以让他来选择游览路线。另外，如果有“电子导游”，也可以租一个，家长一边听，一边用孩子理解的方式给他讲解。

◎ 避免走马观花式的游览

家长可以按照提前规划好的路线有序参观，如果孩子中途跑开，没有按计划进行，也不要强行把他拉回来，参观路线要以孩子的兴趣为导向。

在游览过程中，遇到孩子特别感兴趣的展品时，要给他充足的时间观察。同时，家长可以结合官方的介绍和自己的理解，给孩子细致地讲解一下某个展品，再问问他有什么想法，或者根据展品的特点问他一些简单的问题，以此加深孩子对展品的理解和印象。

注意利用好自己准备的物料，比如用笔和笔记本记录值得纪念的瞬间，或者记录游览过程中的一些感想、疑问。

◎ 游览后和孩子复盘

逛完博物馆后，想让孩子的收获最大化，就要带着孩子复盘。家长可以和孩子一起翻看照片，回顾一下看过的展品，让孩子扮演讲解员，说说他印象特别深刻的展品背后的故事。如果孩子对展品没什么印象，说不上来，也可以让他讲讲令他印象最深刻的某个瞬间，比如在当天的经历中，他最喜欢的是什么，为什么喜欢。另外，如果笔记本上记录了待解决的问题，记得把这些问题都看一遍，和孩子共同探寻问题的答案。

可以马上做的三件事

- ✔ 和孩子一起规划一次博物馆之旅。
- ✔ 和孩子一起读一本跟要去的博物馆主题相关的绘本。
- ✔ 和孩子讨论如果参观途中走散了怎么办。